核心素养视域下
体育多样化教学改革研究

孙 锋 杨翠兰 黄 羽 著

全国百佳图书出版单位
吉林出版集团股份有限公司

图书在版编目(CIP)数据

核心素养视域下体育多样化教学改革研究 / 孙锋，杨翠兰，黄羽著. -- 长春：吉林出版集团股份有限公司，2024. 6. -- ISBN 978-7-5731-5322-7

Ⅰ. G807.4

中国国家版本馆 CIP 数据核字第 2024W1P339 号

核心素养视域下体育多样化教学改革研究

HEXIN SUYANG SHIYUXIA TIYU DUOYANGHUA JIAOXUE GAIGE YANJIU

著　　者：孙　锋　杨翠兰　黄　羽
责任编辑：沈丽娟
技术编辑：王会莲
封面设计：豫燕川
开　　本：787mm×1092mm　1/16
字　　数：146 千字
印　　张：10.75
版　　次：2024 年 6 月第 1 版
印　　次：2025 年 1 月第 1 次印刷
出　　版：吉林出版集团股份有限公司
发　　行：吉林出版集团外语教育有限公司
地　　址：长春市福祉大路 5788 号龙腾国际大厦 B 座 7 层
电　　话：总编办：0431—81629929
印　　刷：吉林省创美堂印刷有限公司
ISBN 978-7-5731-5322-7　　　　定价：63.00 元

前　言

　　高校体育教学是我国高校教育的重要组成部分,在促进为我国体育和教育事业发展、促进大学生全面健康发展等方面发挥着重要作用。在"体育强国""健康中国""全民健身"等体育目标与任务的促进下,在核心素养的导向下,面向新思想、新形势、新学生群体的体育教学要坚持改革和创新重新定位和认识高校体育教学理念和方法,更加科学化地实现体育多元教育的功能。通过体育教学改革,提高学生的学习兴趣,使他们爱上体育,并养成终身锻炼的好习惯,只有提高学生的创造性思维,才能培养出适应现代社会发展的高素质人才。

　　在撰写本书的过程中,作者得到了许多专家、学者的帮助与指导,参考了大量的学术文献,在此表示真挚的感谢。由于作者水平有限,书中难免会有疏漏之处,希望广大同行及时指正。

目 录

第一章

核心素养概论

第一节　素养、核心素养及学科核心素养

"核心素养"自提出以来就受到人们的普遍关注,核心素养的提出为素质教育的推进提供了具体明确的抓手,为促进学生的全面发展指明了方向,为教师自身的教育教学发展提供了参照。

一、素养的概述

教师的素养是知识、能力的综合表现,尤其体现在人格特征和教育理念方面。教师需要掌握精深的专业学科知识、系统的教育学和心理学知识及广博的科学文化知识。

（一）素养的起源

了解素养的起源,必须从素质、教养、修养与涵养、文明与习性等方面进行诠释。

1.素质

"素质"从其本义来讲指人生而有之、先天具备的东西。按照《现代汉语规范词典》的解释:"素",即本色;"素质",即事物本来的性质、特点或人的生理上的先天特点。从此方面讲,素质是一个人固有的、先天的,也是个人成长和发展的基本条件、可能性,人的发展过程中最重要或者说最核心的力量是素质水平。实际生活中表现为有一部分人可以轻易地获得他们想学的东西,具有异于常人的天赋、能力;另一部分人只是在某一个领域表现出惊人的天赋,或者音乐,或者绘画,或者空间想象,或者记忆,或者运动等。

先天的素质要是有缺陷,后天的教育和努力往往是力不从心的。通常人们会听说"某人素质真差",其中"素质"并不是说与生俱来的品质,而是人后天培养的道德品质。我国的素质教育中所提到的"素质",就是指由后天培养和教育获得的内涵精神。

2.教养

人的天赋需要合适的教育和锻炼,才能进一步发展成为专业性素养,人的素养也有赖于教育。在现实社会中,"人"不只是生物学定义的能够直立行走的动物,而是需要接受教育、参加锻炼,不断成长,能够获得精神愉悦感的个体。通常情况下,我们所说的"教养",侧重点不在"教",而在于"养"。它指的是人的全部素养,具体说,是指人所具备的道德品质。也就是通常人们所说的修养和涵养。然而,其本质上要重点突出教养的本义,这种教养由教育过程获得,虽然是"教养",但准确来说应该是"育养"。因为只依靠"教"是很难教育出素养的,更多的是依靠"育"。当前,教育更强调"教"的部分,而忽略了"育"。一些外在的知识和技能等来自"教",而要想获得内在的品格和能力,更多的是要依靠"育"。

3.修养与涵养

修养和涵养是需要依靠自己不断修炼而培养成的素养的。在素养的形成过程中,更注重自我教育。"修"以及"涵"能够充分展示自我教育的优势,反映了修养和内涵的本质。在培养素养实践过程中,自我教育显得格外重要。

4.文明与习性

从个体的角度讲,素养是个体的习性、习惯;从社会的角度讲,素养是一种社会价值、一种人类文明;从根本上讲,人是环境的产物。每一个成员的行为和语言都能成为环境中影响其他人学习和成长的"材料",对其思想感情和行为方式产生作用,撼动甚至改变其生活态度。事实上,环境给人的影响除了有形的模仿,更多的是无形力量的潜移默化。

通常,素养的来源有:首先遗传因素;其次包括文化和制度在内的教育以及自我教育环境的因素。

(二)素养的构成

素养主要由以下几个方面构成。

1. 精神外貌

一个人的素养是通过其精神外貌表现出来的,所以观察其精神外貌是了解一个人内在素养的重要手段。学识、智慧、道德、态度、品格、思想以及精神等个人素养,都会伴随着一个人的言行举止以及神态特征表现在其精神外貌上。

2. 人格

人格是一种内在动力和相应行为模式下产生的统一体,受个人先天或后天条件的影响和制约。这些内在的心理行为通过一定形式的思维、行为,甚至情绪加以展现。它们通常被称为价值观、道德观、心理素质,表现出个人独有的品格和气质差异。

从心理学层面看,人格是中性概念,由性格和气质两部分构成。但是,素养更多的是表现积极的一面,换句话说,一个有素养的人,少不了良好的性格特征和气质特点。"人格"一词经常被运用在道德方面。如果说一个人的人格存在问题或者有缺陷,等同于该人道德品质存在问题,或者道德素养有问题。

3. 行为习惯

行为习惯是一个人在漫长的生活过程中,所养成的固定行为方式它是一种自动形成的无须思考和意志努力得到的行为习惯。这种行为习惯一旦养成,则无须依靠他人的督促和个人意志的提醒,而是凭借一种习惯的力量,轻松自如地完成某种行为,甚至到达一种"无须他人提示"的自觉条件反射的境界。

4. 思维方式

人的思维方式按照认识论层次划分,分为认识定式和认识运行模式两种。

从个体角度看,个体思维层次或者深度、思维结构或类型、思维方向统一表现为思维方式,这是个体认知素质的核心内容。从学生学习的角度看,思维方式反映学生认识事物的立场和视角,又影响其对待问题的思考方式和思维方向。其从根本上制约着学生的学习水平高低。

学校和教师要充分重视培养学生的思维方式,将其作为奠定学生学习能力的基础、发展人生目标等长远目标看待。

培养学生的思维方式要从三点着力。第一,要注重科学精神和客观性思维能力的培养,即培养学生用事实进行论证、用逻辑进行推理的思维能力;第二,要注重批判性思维和能力的培养,即注重培养学生独立、个性、新颖的思维和想象能力;第三,要注重把单向思维的培养改为双向思维的培养。具体来说,就是要把我国多年来偏重的演绎思维的培养改为演绎与归纳两种思维并重的培养。

二、核心素养概述

素养贯彻人心灵的整个过程,包含整个精神世界的内容,由千变万化的多种因素共同作用形成。从教育角度方面讲,核心素养是整个教育过程中最为关键的部分,也是学校教育工作中的重点和难点。

(一)核心素养的含义

无论是对于个人的发展,还是对于社会的进步,智慧(能力)和道德(品格)是具有决定性的两种力量,缺一不可。能力是一个人的硬实力,品格是一个人的软实力。从心理学的角度讲,能力是人的智力因素(智商,其中最核心的因素是创造力),品格是人的非智力因素(情商,其中最核心的因素是坚毅力),智力因素(智商)和非智力因素(情商)的结合才构成一个人完整的精神世界;从文化的角度讲,能力指的是人在科学维度上的素质(科学精神)。品格指的是人在人文维度上的素质(人文情怀),一个健全的人必须同时具备科学精神和人文情怀。

人最宝贵的精神财富是能力与品格,从某种程度看,它们具有相对独立性,其特点、内涵以及形成机制等都有自己独特的方式。另外,它们之间又存在着一些不可忽视的联系,比如某些内涵形式存在交叉,形成方式又相互促进。在形成核心素养的过程中,两者之间的互动和融合至关重要。

所谓核心素养是指当出现一些较为复杂的或者不稳定的情境时,个体具备运用综合学习方式所获得的学科理念、思考方式以及探究能力,结合结构化的(跨)学科知识和技能,融入个人世界观、人生观和价值观等所有内在的动力机制,对面临的问题进行分析,然后提出解决问题、交流结果的方法。

1.核心素养的能力

从心理学角度讲,能力属于个性心理特征,是保证人们成功进行实际活动的一系列稳固心理特点的综合。能力有广义和狭义之分,狭义的能力指的是认识能力或智力,是保证人们有效认识客观事物的稳固心理特点的综合。我们通常所说的能力是指狭义的能力。当然,现在也强调各种实践能力和实验能力的培养,但是,从基础教育的性质和学生心理发展的规律来看,其主体、核心和基础应该是认识能力,特别是思维能力。能力与学校教育密不可分,它既是学校教育的基础和前提,又是学校教育的目的和结果。

学习过程是一个认知加工的过程,学生的能力又分为阅读输入、思考加工和表达输出三部分,是学生学习过程必不可少的基础能力、核心能力。它具有基础性、共通性、关键性以及发展性等特点。另外,创新能力、研究能力、设计能力和策划能力要以此为基础。

第一,阅读能力。阅读通俗意义上是指看书,但不是单纯地浏览,要理解其中的含义,才能称得上是阅读。理解是指要将看到的内容和已有知识体系与经验相融合,使其统一在一起。学生主要依靠阅读手段获得新知识,这是学生发展智力的一个重要途径。学生的发展离不开阅读,而阅读也是学习过程中最基础的核心能力,阅读能力的强弱直接影响学生的学习效果和学习效率。

第二,思考能力。思考无疑是一种思维活动,其特点主要有三个。①有根据的思维。思考不是主观臆想,而是以事实、数据和已经得到证实的知识作为依据进行的推论和思维;②有条理的思维,即周到、系统、有逻辑的思维。事物联系、发展、变化的秩序是其内在逻辑,逻辑混乱、杂乱无章就是无序,就不是思考;③有深度的思维,即直抵事物本质的思维。深度既包括思维方式、方法和过程的深度,也包括思维对象的深度。从教育的角度讲,思考强调的是主体性,即独立性和创造性。思考是学生个体独立自主的独特思维,而不是被思维,不是复制思维。思考能力是最核心、最根本的学习能力,直接决定学生学习的水平和质量。

第三,表达能力。学生需要有独立的思想意识、观点和思考方式,而且能够通过阅读和思考获得情感,进而完成表达过程。这体现了学生对自己的认识和观点能够运用自己的语言,比较准确和清晰地阐述,意味着这些观点和信息有人接受,甚至与之产生互动,或者赞美,或者补充纠正的反馈机制。

个体通过学习获得知识以及发展的能力,也通过学习建立人与人之间复杂的交往关系。人的基本生存所需的知识、技能和经验等,都是在和他人的积极交往与互动中形成的,通过互相影响形成独特的人生观以及主动的生存方式。如果从学生角度看,每一个学生都有表现欲,要想在学生学习过程中给予足够的持续性动力,则需要在教学实践中提供学生表现和展示自我的机会,满足他们的表现欲;从学生队伍的角度看,在表达过程中学生也实现了倾听的目的,展现的是一种共同体的学习模式。也就是说,在学习过程中,人们通过互相沟通交流,分享自己的思考模式和经验见解,获得对他人的情感、体验以及观念的理解和尊重,在该过程中共同进步、彼此共享。

阅读能力、思考能力、表达能力是学生学习的一般能力,是所有学科学习的通用能力。它们与学科能力的关系是一般与特殊、工具与内容的关系。

就能力自身发展而言,它们是基础能力,是其他能力的基础。它具有以下几种特征:

首先,一般性。即通用能力、普适性能力,它指向人的一般发展,一般发展不同于特殊发展（某门学科或某组学科上的发展，如数学才能、语言才能的发展，音乐领域里的音乐听觉、音调感的发展等）。

其次，工具性。根据工作的对象划分，能力又分为工具性能力和内容性能力等。学生对学习过程中一些基本技巧，包括阅读、理解和思考能力等掌握和获得的能力，是工具性能力。这种能力是学生在跨学科的学习中所展示出的，大多数人具备的工具性能力，它是学生学习能力的组成部分。内容性能力指的是学生通过学科知识所领会的、独有的思考方式和思维能力，这种能力可以从学科特有的角度发现并提出问题，然后具体分析提出解决问题的方案。它作为一种综合了工具性能力和内容性能力的重要能力而存在。

最后，基础性。在学习过程中，最基础的能力便是阅读、思考和表达。其他诸如解题能力、实践能力、创新能力和研究能力等，都是以这些能力为基础的。另外，建立在此基础之上的能力还包括自主能力、合作能力以及探究问题能力。

2.核心素养的品格

品格即人性。它是人区别于动物、机器的本质性东西。动物和机器也具有一些人的能力，但却不具有人性。品格即精神。精神的本质是超越，人只有超越自己、超越物质、超越现实，才谈得上品位和格调，即品格。品格即行为。品格表现在人的一切活动和言行举止之中。从另一个角度说，一个人的品行只有形成习惯，达到无须提醒的自觉程度，才算是形成一种品格。

第一，自律（自制）。自律是指行为的自我约束、自我管理，是从事业心、使命感、社会责任感、人生理想和价值观作为基础的。

第二，有尊重人的公德心。道德准则很大程度上是人和人之间关系的处理方式，作为一种法律以外的行为准则，道德是处理人际交往过程必须遵从的内在准则。尊重的含义在于尊敬和重视，即在和人交往时，首要任务是做到尊重和重视，其实尊重别人的实质也是尊重自我，人有教养也能通过时时刻刻为他人着想而体现。此外，尊重还是社会意义上公德的精神意蕴和本质的展示。

公德贵在一个"公"字,这体现在:首先,要心中装着他人,具有"别人优先"的意识,做到时时处处以别人为先,先人后己;其次,心中要有"公共和规则"的意识,尊重规则、服从规则,它体现一个人在公共场合中的良好形象。规则意识有助于学生形成法治观念,树立法治信仰,养成自觉守法、遇事找法、解决问题靠法的思维习惯和行为方式。

第三,认真的态度。做人的态度最重要的是自律和尊重,但是做事的态度最重要的是认真。学生不仅要学做人的道理,也要学会做事的道理。做人要遵从"人德",同样做事要有"事德"。被广为称颂的"工匠精神",讲的是一种认真负责的精神和对万事万物都认真对待的态度。

3. 能力与品格的关系

人最宝贵的两种精神财富,就是能力和品格。能力和品格从某种角度看,是互相独立存在的,它们的内涵、特征以及形成机制各自独立,但是从另一种角度看,它们之间又存在着某种必然的联系,其表现为在内涵上互相交叉,在行为上互相影响。只有两者完美地有机融合,才能形成核心素养。

(二)学生发展核心素养的构架与含义

核心素养在学生的发展中,主要指学生能够具备适应终身发展以及社会需求的品格和重要能力。

1. 学生发展核心素养的构架

学生发展核心素养的目标主要是培养"全面发展的人",其表现在三个方面,分别是基础文化知识、自主发展需求和社会参与程度。其中包含着六大素养,分别为人文底蕴、科学精神、学习能力、健康思维、责任感和创新实践力。在此基础上,可具体根据学生的年龄特征,提出不同的要求。

2. 学生发展核心素养的含义

首先,文化基础。文化基础要求人们掌握人文、科学等领域的知识,并对人类先进的智慧成果加以利用,培养内涵精神、追求真、善、美的境界,使自己成为有知识、有文化、有精神追求且道德高尚的人。人文底蕴指在学习和应用人文知识时所习得的技能、获得的基本能力、态度观点以及价值取向等,主要有人文积淀、人文情怀和审美情趣等集中表现方式。

科学精神所强调的是学生在学习、理解和运用科学知识过程中,所获得的思维模式、价值理念以及行为规范等,主要表现为理性思维、批判质疑的能力和勇于探索真理的勇气等。

其次,自主发展。自主性主要体现在学习过程中,能够善于合理安排自己的学习和生活,从中了解和发掘自我价值,不断发现自我潜力,快速适应身边多变的环境氛围,实现自我的快速成长,获得完美人生。

最后,社会参与。作为人的本质属性,社会性是指在参与社会生活过程中,能够合理处理自我和社会之间的关系,时刻遵守作为现代公民所要遵从的道德标准和行为准则,努力培养自己的社会责任感,发掘自身创新力以及实践能力,为实现自我价值、推动社会发展贡献力量。

(三)核心素养培养的原则

核心素养培养的原则主要包括:方向性原则、时代性原则和民族性原则。

1. 方向性原则

实现人的全面发展是党和国家的教育方针,是教育工作永恒的目的和终极的追求。学生发展核心素养是人的全面发展的具体体现。全面发展的主要内涵包括德、智、体、美、劳等方面。核心素养是全面发展的具体化。为此,核心素养的研制必须以全面发展为方向,确切地说,人的全面发展的理论是人的核心素养研制和提炼的指导思想。显然,核心素养的建立必定有助于教育工作者在日常教育实践当中切实贯彻党和国家的教育方针,促进学生的全面发展。

2. 时代性原则

核心素养是全面发展的具体化,核心素养要体现时代的要求和特点,即反映新时期社会对人才的新要求。当今时代,科技进步日新月异,知识经济迅猛发展,全球化、信息化步伐明显加快,进而对人的素养的要求也发生着明显的变化。实际上,核心素养的提出本身也是时代的产物。时代发展对人的素养提出了新的要求。当前特别强调创新精神、实践能力以及团队精神、合作能力。

3. 民族性原则

核心素养的研制要结合我国的实际情况,特别要重视发挥我国历史文化方面的优势。民族性是素养的源泉,一个民族的优秀传统和文化是该民族成员核心素养形成的重要源头,一个民族成员的核心素养一定会烙上这个民族的特性。就当前而言,教育工作要反映立德树人的时代要求,努力培养一代能够自觉维护社会主义核心价值观、拥有社会责任感、创新意识以及实践动手能力的社会主义接班人。

三、学科核心素养概述

学科核心素养由学科和核心素养构成。核心素养在某个学科或者学习领域的具体表现,称为学科核心素养。学科核心素养必须通过学习一门学科,然后取得在此学科或者学术领域的成就,它集中体现了一门学科的育人特征。

学科核心素养是各门学科对核心素养的独特贡献,准确地把握学科本质和学科特性是构建学科核心素养的前提。

(一)学科核心素养的特性

第一,学科性。教育是按学科进行的,每门学科都有其特殊性。学科核心素养是学科本质和教育价值的体现,它源自学科的本质、性质、特点、功能和任务。

第二,科学性。科学性有两层含义:一是规律性,即学科核心素养的提炼必须符合学生身心发展规律,遵循可接受性原则,既不超越学生的接受极限,也不限制、阻碍学生的发展可能;二是准确性,学科核心素养的内容表述必须准确无误,不会产生歧义和随心所欲的解读,以便教师可以很清晰地以之指导自己的实践。

第三,教育性。学科核心素养是通过学科教育获得的,而不是通过日常生活自然形成的,它是可教育的素养,而且是必须通过学科教育才能获得的素养。

第四,人的本性。所谓学科素养,指一切以人为中心、主体是人,目的是为人服务、以人为本、展示对人的价值和意义。学科核心素养存在的意义,不只是为了学习学科知识和成为学科后备人才必须具有的学科知识和能力,更重要的是为了人的发展,使生活更加丰富多彩、更有意义,使人有更大的发展空间。从个人角度看,学科核心素养是学生满足日后生存和发展的必经之路;从社会角度看,学科核心素养有利于推动社会健康发展和持续进步。

总之,学科核心素养的提炼必须体现四个原则:反映学科本质和教育价值、内涵清晰、可教可学、对个体和社会有积极意义。

(二)学科核心素养的意义

第一,学科核心素养是核心素养的细化。学科作为教育基础,是教学活动展开的依托,也是教育理念目标革新的载体。因此,学科核心素养是核心素养的具体呈现,是核心素养的品类细化。当前,我国教育的培养目标是实现学生的全面发展,而核心素养正是教育培养目标的具体细化。学科核心素养又是核心素养的具体细化。层层细化、落实是将理想转变为现实的重要手段。因此,对学科核心素养的关注,是课程改革和标准修订的独特亮点和最大特色。

第二,学科核心素养是学科教育的灵魂。学科教育的内容是学科知识,但目的和落脚点是人,换句话说,学科是学科教育的手段,人才是学科教育的目的。实现由学科向人的转变,是学科教育重建的关键。学科核心素养指的就是受过这门学科教育的人所展现出的形象、气质、行为、习惯、能力、素质。学科核心素养是学科教育的灵魂,只有抓住学科核心素养,才能正确引领学科教育的深化改革,全面发挥学科的育人功能。学科核心素养是与该学科相关的所有学科和活动的教育产物,学科教育只是主渠道。也就是说,学科核心素养体现超越学科的特性,这就要求学科教师要跳出学科重新认识学科,让学科教育不再局限于学科,从而实现学科与学科的贯通、学科与生活的贯通、学科与活动的贯通、学科与大教育的贯通。从教学的角度讲,就是要实现课内外和校内外的贯通。

(三)学科核心素养与核心素养的关系

学生步入社会要实现发展顺意,必须具备过硬技能和高尚的品格。可以说,能力与品格是学生融入社会与实现自身终身发展的核心素养。围绕某一具体学科形成的重要品格和关键技能,是学科核心素养关注的问题。总体来说,核心素养和学科核心素养在方向上是一致的,在性质上是统一的。

1. 学科核心素养与核心素养的内在联系

首先,两者存在部分与整体、具体与抽象的关系。学科核心素养是核心素养这一整体的构成部分,是核心素养在各个学科领域的具象表征。核心素养是学科核心素养的抽象升华,是学科核心素养汇集综合的结晶。

其次,二者存在目标与方向、手段与途径的关系。核心素养是基础教育发展的总体目标与方向,学科核心素养是落实方向、实现目标的手段与途径。在基础教育的推行过程中,手段与途径服务于目标与方向,目标与方向指引手段与途径的调整。核心素养功能的发挥,离不开学科核心素养的支持;学科核心素养作为核心素养的组构基础,强化多学科间的融合互通,有助于实现核心素养。核心素养与学科核心素养在目标与手段、方向与途径上并没有先后之分,特殊与一般之间互为目的和手段。

最后,二者存在包含与融合、促进与转化的关系。带有特殊性和个性的学科核心素养,是具备一般性和共性的核心素养的具体细化。二者在内涵、外延与内容上,存在着包含促进的融合转化关系。核心素养的成熟有利于学科核心素养的发展。学科核心素养的发展,又进一步推动核心素养的丰富、充实与完善。

2. 学科核心素养与核心素养的区别

第一,核心素养不是各学科核心素养简单机械的总和。尽管各学科核心素养是核心素养最关键的组成部分,但核心素养自成整体,无须各学科核心素养堆叠,它是依靠学科教育与课外教育双重发力的更高层级的人才培养指标。学科核心素养有自身的特殊价值,通过学科展现优秀人才所应该具备的素养,是学科核心素养的立足点。鉴于学科的教育价值和知识价值,是一般事物无法取代的,学科核心素养因而具有了独特的意义。

第二,两者研制角度不同。核心素养的研制角度注重从纵向和横向两个维度展开。纵向视角关注教育的未来时代特征,其研制角度围绕学生的终身、可持续发展要求展开,重在分析学生在不同学习阶段应该具备的能力与品格素养;横向视角重视学生的本体和谐属性,其研制角度围绕学生身心的全面健康发展目标展开,重在分析学生应该具备的素质。学科核心素养的研制角度更加注重学科自身的性质与功能、作用与价值。因此,挖掘学科的内在精华并分析学科的应用潜力,是学科核心素养关注的重点。因其对学生的发展独具意义,学科核心素养也备受关注。

(四)学科核心素养研究的要求

第一,学科核心素养需要超越形式与内容的束缚,在思想与方向上体现核心素养的本质精神。首先,核心素养与学科核心素养并非逻辑上的简单线性对应关系;其次,二者之间的相互体现与反映并无轻重与多少之别;最后,学科核心素养的内涵界定必须实事求是、尊重学科,从基础学科出发对概念进行清晰的阐述和界定。

第二,学科核心素养需要注重学科自身的特殊性,要善于挖掘学科内在的独特价值。对于名称相同的学科,可以尝试采用不同的方式予以富有学科特色的讲解。

第三,学科核心素养的研究既要遵循从一般到特殊的演绎路线,更要遵循从特殊到一般的归纳路径。核心素养与学科核心素养的关系类似于"一般发展"与"特殊发展"的关系。①

---

① 洪早清,吴伦敦.教师职业素养导论——师范生读本[M].武汉:华中师范大学出版社,2011.

第二节 体育核心素养与
体育学科核心素养

一、体育核心素养的概念与构成

(一)体育核心素养的概念

明确体育素养与体育核心素养的关系是研究体育核心素养的基础。体育素养是由英国学者怀特黑德(M. Whitehead)在 1993 年的国际妇女体育教育会议上提出的。她认为,体育素养是指在生活中保持足够的体育活动动机、体育活动能力、理解力、自信和知识水平[①]。

随着素质教育的推进,体育界对体育文化的认识逐渐加深和丰富。体育素养的要素包括体育知识、体育技能、体育素质和体育个性。主要表现在身体(体质和运动能力)和精神(品德、意识等)两方面,因此关于体育素养的主要讨论,集中在体育运动在个人从事体育运动时,主动赋予个人的价值作用上。

有学者认为,以体育素养为基础的体育核心素养,重点在于培养个人终身发展和社会生活所需的基本技能,功能价值是体育素养的精髓。"核心"中体育核心的本质,意味着它不具备普遍性、群众性,而是核心的关键所在,核心必须是最实用、最关键、最稳定的核心,与个体的成长相伴、终身受益。

(二)体育核心素养的构成

在明确体育素养和体育核心素养的基础上,有必要更多地了解体育核心素养的构成,从体育的整体素养中,可以选择核心要素作为学科核心素养,不断服务于个人发展和社会需求,帮助公民获得或掌握基本体育技

---

① 陈思同,刘阳.加拿大体育素养测评研究及启示[J].体育科学,2016,36(3):44—51.

能。为了明确什么是体育核心素养,首先必须分析其本质、作用和功能,这是分析体育核心素养基本要素的中心来源。与其他实践活动相比,体育不仅具有共同的认知价值,而且对成人也具有价值。个人从事体育运动,掌握体育项目基本知识,锻炼身体,促进健康成长,从而实现人的终身幸福。从体育的性质和理念作为逻辑出发点,研究发现,体育运动中的身体健康、运动技能、体育社会情感是每个公民体育运动的基础。

1. 身体健康

身体素质一般包括生理功能、身体形态、运动素质等。健康包括人的身心健康及其社会适应。从宏观上看,身体健康是健康的基础,没有身体作为载体,就无法实现心理健康和社会适应的目标。体育作为促进健康和改善人的体质的一种手段,在现代生活中对人的发展起着重要作用,一方面人们通过定期的体育锻炼来发展体育,也能改善人的健康状况;另一方面,体育应作为保障人们心理健康和社会适应的手段。因此,身体健康范畴是体育本质认知的重要方向,其结构应以身体状况和健康状况为基础,这既是个体发展的前提,也是人的身体目标。

2. 运动技能

无论是提高体育技能还是改善身心健康,都需要掌握一定的体育运动技能,这是体育运动的基本属性之一。要通过体育锻炼人,就必须掌握体育技能或技术,社会体育不是为取得胜利而设计的技能,从事体育运动所需的锻炼技能要求并不高,基本可以熟练掌握并运用。体育核心的构成也应建立在能够掌握多个体育技能的基础上,这样不仅能积极参与体育运动,还能促进生活的稳定。因此,掌握体育核心素养是形成基础体育教育的必要条件,以及其他能够成为关键和支撑的技能,没有体育技能的支撑,就不可能实现身体健康的目标。

3. 体育社会情感

首先,体育成为当今社会个人情感反应的对象,其特点是紧张和快速,宣泄了人们的情感;其次,体育是一种重要的情感交流形式,其特点是真正的身体对话,也可被视为"运动的情感消耗";最后,当参与者投入团结、信任和爱心时,参与体育文化活动可以提供双方基于共同价值观的、最直接的情感支持和真正的情感互动。因此,体育社会情感在人的发展中起着重要的作用,人们应当具备这种体育核心素养。

二、体育学科核心素养的概念与构成

(一)体育学科核心素养的概念

从宏观上讲,学科素养是学习者根据学科学习所需的能力、技能和知识来评价和解决与学科有关的问题的能力;从微观上讲,学科素养与任何学科都有具体的关系,可以说,学生在学科的学习过程中逐渐形成的基础知识、技能即是学科素养。学科素养是学生在学校课程中某一学科的学习过程中,以及在不同学习阶段的学习过程中,取得的最重要、最持久、最实际的素养和能力。换句话说,学科核心素养是将核心知识转化为具体学科的具体行动,体现了学科的价值。

对于体育学科核心素养的概念,有学者认为,体育学科的核心素养在于对体育的研究,即学生能够掌握和形成持续体育教育所需的体育意识和素质、体育能力和健康习惯、知识和行为;从运动能力、健康行为和体育道德等方面对体育学科核心素养的结构体系进行了研究,根据体育教育的目的和本质确定了体育核心素养。总的来说,体育学科核心素养是学生在相关学习场地的体育教学过程中形成的关键素质和能力,是适应个人和社会终身发展的需要。

(二)体育学科核心素养的构成

目前对体育学科核心素养,人们已有普遍的了解,体育学科核心素养的精髓在于,"核心"一词的意思不具有普遍性、群众性,而是体育学科固有的关键、本质,它最能体现体育学科的价值。基于目前对体育学科核心素养的构成没有固定理论,对核心素养的研究也尚处于初级阶段,研究者从学校体育教育的目标出发,并考虑到体育领域学科的特殊性,从体育(表现为体育和健康教育、体育教育、体育技能、体育道德、体育个性、体育兴趣和习惯)中进行相应的选择,并在体育中增加感情、价值、行为和其他技能,体育学科核心素养的内容初步形成。因此,从学校体育教育的目标出发,并结合体育相关学科的特殊性,以运动技能和习惯、健康知识和行为、体育品德和情感为重要指标;运动技能、运动习惯、健康知识、健康行为、体育品德、体育情感等为次级指标。

1.运动技能和习惯

体育项目是体育学科教学的一种手段,其核心是培养所有的技能、知识、感情和获得所有的技能。接受体育训练的学生,必须从本身的兴趣出发,掌握2~3项体育技能,并能认识到体育训练的方法和规律,而体育训练必须由学生自身发展和掌握,这正是体育的学科核心素养。诚然,由于学生身心发展的特殊性,各学段体育学科所教授的内容和教学方法有所区别,但体育学科和学校体育教育的最终目标是一致的,即让体育教育能够不断深入学生的日常生活,培养他们体育运动的习惯,并形成良好生活的稳定性和韧劲,使他们毕业以后依然能够积极参与体育活动。

2.健康知识和行为

首先,学校体育不仅是获得体育技能的场所,也是向学生灌输基本医疗卫生知识,培养学生良好行为技能的场所。这些通用知识,在学生转为成人后终身参与体育活动的过程中,仍然发挥着重要作用。其次,培养科学锻炼、强身健体、健康的生活方式、平衡的饮食习惯,比如说,学生知道如何正确地开展运动,知道如何调节自己的运动时间,懂得在运动过程中如何补水、补充能量,这些都是重要的体育技能,也是体育学科的核心素养所在。

3.体育品德和情感

在核心素养的理念下,传递体育知识、技能和方法不仅是体育教学的任务之一,更重要的是,通过体育教学作为丰富学生情感体验的手段,也就是说,通过体育教学来培养学生的情感体验。通过体育教学,让学生感受团队合作、成功的喜悦,培养学生良好的心态和积极的体育态度,使体育课成为走向社会的"问路石"。体育学科在学生的行为和情感教育方面不同于其他学科,它的开放性、互动性、可对话性等特点都表现在体育活动中。现代社会的发展要求通过体育教育,把体育作为培养学生"社会性"的手段,表现为培养学生的主动性和创造性、互助性、纪律性、集体荣誉感,这是学生在学校发展体育运动的必要核心素养。

三、核心素养、体育核心素养、体育学科核心素养之间的关系

(一)核心素养统领体育核心素养

核心素养的理念是培养人的高等教育理念,它决定了个人必须具备的基本技能。核心素养是以学科为主体培育的核心,其观念内涵和外向性远大于学科核心素养、体育核心素养作为实现个体发展的关键要素,充分发挥其价值和功能。核心素养的研究指向人的发展,换句话说,人的发展包含了许多复杂的要素,人可以适应社会,发展个人终身发展的能力,实现自己的价值观,从而实现发展的最大个性化。体育作为一种社会文化活动,应为培养基本的人的核心素养做出贡献,如国家在培养中国学生核心素养方面作为健康生活方式的顶层要素之一,明确相应的体育技能和方法,以及自身防护和安全的意识,体育作为个人发展的重要引领的责任是显而易见的。因此,作为一项高层次的育人工程,体育核心素养为人的核心素养的发展指明了方向,且提供了一定的保障。

(二)体育核心素养是核心素养的重要组成部分

核心素养是个体和谐融入社会发展、满足幸福生活的需要,体育学科素养是核心素养的重要组成部分。身体健康、运动技能和体育社会情感是个体应具备的体育核心素养,三者与个体核心素养的发展密切相关,相辅相成。核心素养的目的不仅仅是促进个人生活的成功,良好的体质也是人们走向成功的承载和基础。没有良好的身体作为保证,其他品质也就无法实现。因此,体育核心素养应是个人应具备的重要素质,不仅丰富了核心素质的内涵,而且对实现人的核心素养的培养起着支撑作用。

(三)体育学科核心素养是核心素养在体育学科的具体体现

学校课程中的体育课程应充分强调学科的教育效果,有助于学生核

心素养的发展。培养学生的核心素养需要跨学科或多学科的整合。这里需要说明的是,培养学生的体育学科核心素养,是指学生通过学习不同阶段的体育课程,逐步形成具有本学科特点的成就和技能。例如,前文介绍了体育学科的核心素养,如运动技能和习惯、健康知识和行为。通过对体育课程的学习,使学生掌握 2~3 项体育技能,养成体育锻炼习惯,体育教师在课堂教学中以体育为载体,引导学生实现基本的体育核心素养,通过整合策略、方法或教学方法,培养学生的情绪和健康行为,实现学生核心素养发展与体育学科核心素养发展的互动。

(四)体育核心素养与体育学科核心素养的研究对象不同,但终极追求是一致的

体育运动的核心素养集中于社会发展中的个人。体育核心素养必须是每个人或每个公民都需要具备的要素。这些品质可以确保个人的可持续发展,为追求健康积极的生活服务。例如,每个公民都应该具备体育参与的素养,才能不断地参加体育锻炼活动,这是体育的基本素养,关注的是个人一生的健康。体育学科核心素养的重点是学校中的学生群体,它倾向于该学科的教育价值,反映学科教育的效果,即通过学校教育不同阶段的体育课程,学生可以获得具有体育特色的学科核心素养。虽然二者关注的对象不同,但研究体育核心素养与体育学科核心素养的终极追求是一致的,即实现人的全面发展。作为教育中的个体,学生最终会离开学校走向社会。在学校教育中培养的体育学科核心素养也将取决于学生实现社会化价值。随着学生角色的转变,体育学科核心素养将潜移默化地塑造培养个体。它是适应社会发展和需要的体育教育的核心素养。两者的培养目的和方向是相同的。

第二章

体育教学基本理论

高校体育教学能够显著提升大学生的身体素质,是实现科技强国、人才强国、教育现代化战略的重要途径。高校体育教学的基本理论能够为高校体育教学的实践和中国高校体育教育现代化的改革与发展提供理论支持与人才储备,推动高校体育教学的可持续发展。

第一节 体育教学的概念与特点

一、基本概念

(一)体育教学的概念

体育是主要以身体运动为手段,以增强身体素质为本质功能的一种实践活动。体育教学是一种特殊的社会实践活动,是教育学的重要组成部分。体育教学不但是达成体育目的的基本手段之一,也是学校体育工作的基本开展形式。不同于其他教学,体育教学是通过身体活动和思维活动的结合来实现掌握体育技能、培养意志品质、增强身体素质的目标的。与其他教学相比,体育教学更加注重应用和实践,并具有普遍性、长效性、终身性等特征。随着我国体育理论的不断发展完善,体育观念越发地被社会大众所接受;随着人们生活水平的不断提高,对健康理念的追求也越发强烈;随着大众的体育意识不断增强,体育教学的社会价值和受重视程度也日渐增加。

体育教学是一种教授行为,但体育学科本身又不同于其他学科,学生必须通过参与活动的方式,从活动过程中理性认识体育的技术、技能,才能真正掌握教学内容。该特性使体育教学活动不仅要求学生通过教材掌握体育技术的理论和要领,更要求学生通过反复的实际演练,建立起条件反射。和其他学科相比,体育教学中教师的实际教授更为关键。在实际教学中,如果教师不能准确描述技术要领,或是使用与教材中矛盾、不统一的术语,学生就会在学习过程中产生混乱,严重影响技术、技能的掌握,甚至会导致学生受伤。

(二)高校体育教学的概念

体育教学、课外实践活动和运动训练是高校体育教学的三大组成部分,高校体育教学是针对普通大学生,以身体运动为根本练习手段,通过锻炼增强学生体质、提升学生全面素质,使学生掌握一定的体育技能和卫生基础知识的体育活动。它是由学校体育过渡到社会体育的关键阶段,是提升大学生良好身体素质的主要渠道。高校体育教学以育人为宗旨,培养学生自主健康的行为习惯,促进大学生身心全面发展。此外,还有助于培养良好的心理品质,陶冶大学生的情操。

二、高校体育教学的特点

高校体育教学作为教育事业的一个重要组成部分,又是学校体育教学的重要分支,在学校体育教学体系中处于领导地位。高校阶段是促进学生体育锻炼,拓展体育知识技能,培养体育兴趣以及奥林匹克精神的关键时期,是学校体育过渡到社会体育的初级阶段,高校体育教学是实现我国体育强国战略目标的奠基石。

(一)目的性

高校体育教学的明确目的就是要追求大学生身心健康,借助一定的手段或通过一定的实践活动有针对性地增强学生体质。高校体育教学是个人自主、自动地以体育的手段和方法改造自身健康状况,是一种自发的行为,主要受价值观的影响与支配。

(二)持续性

高校体育教学的目标不是一朝一夕就能实现的,其实现过程是一个持续的过程,只有意志坚定、坚持不懈,才能促进身心和谐发展,实现思想品德教育、文化科学教育与体育教学的有机结合。

(三)规范性

高校体育教学具有严格的规范性,任何体育运动均具有特定的动作规范和强度要求,人们在进行体育锻炼时必须严格遵守,否则可能损害健康。另外,体育教学规定教学内容和教学总时数,这种规范式教学安排能保证高校体育教学的效果。

(四)主体性

人作为社会活动的主体,其本质的特征就是主体性。而主体性的核心内容是思维的独立性和创新性。主体性教育思想着重培养学生的自主学习能力,要求学生要主动去学习;还强调学生在学习过程中必须树立责任意识,要在学习过程中进行自我监督、自我负责。在体育教学中,学生必须也必定是作为体育运动的主体而存在,这也是体育教学以主体性教育思想为指导进行主体性体育教育的天然优势所在。在体育教学中运用主体性体育教育方法能够使学生养成独立思考能力和主动探索能力,让学生更加积极、主动地参加体育运动,并且在体育运动的过程中成为一名主动的学习者,能主动学习和感受其中蕴藏的体育知识和体育精神,从自身出发进行探究性学习,在体育运动的过程中学会与其他成员沟通交流、养成合作精神、培养团队意识,懂得如何充分发挥自身的优势,从而与其他成员更好地配合,取长补短。体育运动能够更加充分地发挥主体性教育的作用,让学生在参与体育运动的过程中逐渐将体育精神内化为个人价值观念。

(五)多样性

体育教学的多样性特点使得学生能够在各种各样的体育活动中经历多样的情境,体验到不同的角色扮演经历,从而更深层次地体会和理解角色职责、角色义务,从而加速角色职责的内化进度,最终获得角色学习。在这种角色扮演过程中,学生不再只考虑自己的利益和感受,而是能够通过扮演他人的角色体会到他人的利益和感受,学会从他人的角度思考问题,从而克服自我中心主义,这也使得学生在群体中能够考虑其他群体成员的利益,最后逐渐树立集体主义思想。在角色扮演的过程中,学生们能够慢慢体会到他人的情感,能够互相理解、互相尊重,最终加强群体中成员之间的相互理解和相互沟通,从而在群体中形成良好的人际关系,促进群体归属感的形成。当学生们有了群体归属感,在群体中能够对自己所扮演的角色担负起责任,群体意识就得以形成。

(六)娱乐性

体育教学的娱乐性可以起到调节情绪的作用,可以舒缓身心,消除身心疲倦,还可以减轻或者消除日常学习、工作、生活所带来的压力以及消极情绪。而体育运动的娱乐性主要体现在体育课堂教学之外的课外体育活动中。在课外体育活动中,学生们能够通过参加各种各样的体育活动,在体育活动和锻炼过程中,释放和消除平时在学习、工作中所积攒的压力,通过释放这些压力有效调节自身的各项身体机能和各种消极情绪,以此消除自身疲惫感,从而改善心理和生理的状态,最终实现健康心理。此外,体育运动能够让学生在参加体育活动的过程中发挥个体主动性、积极性的作用,提高自身自信心,养成积极健康的心态,同时在体育运动所营造的这种和谐、融洽的氛围中,学生的个性能够更加全面、健康和谐、积极向上的发展。另外,学生也能够通过观赏他人的体育活动、体育比赛和体育表演,在观赏过程中得到精神上的享受,以这种间接性的方式获得满足感,在观赏比赛、表演的同时陶冶情操,培养学生健康积极的心态,并且在观看比赛、表演的过程中,在参赛者、表演者体育精神的影响下,塑造积极向上的世界观、人生观、价值观。

(七)社会性

体育教学的社会性也是体育教学特点的一个重要组成部分,它通过各种各样的体育手段和内容培养人的个性和个人观念,具体表现为将社会价值观念内化于心,传递社会文化,建设社会角色等。

首先,体育能够培养规则意识,无论是参加体育比赛还是在日常的体育活动中,参与者只有遵守体育的规则,接受体育规范的约束,体育活动才能有序地进行、开展。在参与体育活动的过程中,遵守规则的行为会渐渐演化成个人的行为习惯,这也能使学生养成遵守社会行为规范,遵守社会道德观念,遵纪守法的行为习惯。

其次,体育能让人认识、理解社会角色。在体育活动的过程中,学生所扮演的角色与在社会中所扮演的角色存在一定的相似性,体育活动的实践过程能够让学生提前体会到社会角色,有助于认识和理解社会角色。学生在各种各样的体育活动中有着不同的角色扮演经历,这些经历能够引导学生形成和完善社会角色。

最后,体育能够促使人形成和完善社会化人格。因为体育具备活动的内容多样化、形式多样化等因素,学生能够自由选择自己想要的活动形式,也就是想要参加的体育活动形式,这就为学生形成独立自主的人格提供了客观环境的支持,最终帮助学生形成个性、发展个性。而体育活动中的集体性项目能够对学生进行集体主义思想教育,促进学生集体主义思想、团队精神的培养。

此外,在体育活动中,通过将社会主义核心价值观融入体育活动的方式,能够让学生在潜移默化中将社会主义核心价值观内化于心,外化于行。

三、高校体育教学的理念

(一)高校体育教学理念的本质

高校体育教学理念是高校体育抽象逻辑的形象表达,要符合高校体育教育特点、高校教育规律,属于教育理念在高校体育领域中的应用,包含于体育教育理念中,体育教学理念的内容是学校体育教育理念的重要内容。我国学校体育教育理念,由中华人民共和国成立初期的军事体育发展为自然主义体育、技能体育,随后"健康第一"理念、快乐教育阶段的快乐主义理念相继出现,学校体育教育理念最终形成了符合我国国情的思想体系,学校体育思想是学校体育的灵魂所在。

高校体育教学理念的本质为体育和育人,强调以人为本的理念,实现大学生全面发展,包括身体、社会、精神三个方面,保障、实现、维护、提升大学生的健康水平。高校体育教学理念改革高校体育教学中存在的问题,以建设良好的师生关系、优质校园环境、卓有成效的体育教学为目标,其实质为肯定学生在学校体育教学中的主体地位,指导思想为通过学校体育教育增强学生体质,提高学生的全面综合素质,以达到提升学生健康水平的目的。

(二)高校体育教学理念的价值

高校体育教学是联系课外体育、家庭体育、社区体育、社会体育、竞技体育、休闲体育的重要纽带。在改善学生健康水平,提高学生身体素质,促成学生运动技能形成,培养学生体育兴趣,选拔竞技体育苗子,树立学生终身体育观念,增加体育人口数量,塑造体育消费习惯,拉长体育产业链条,促进体育经济健康可持续发展,建设体育强国,推进健康中国发展等方面,具有显著的作用。

高校体育教学理念对于高校体育教育和高校体育教育实践活动,具有指导作用。高校体育教学理念的价值主要体现在以下四个方面:①精神价值,体现在对大学生生理、心理、情感、意志品格的培养上;②文化价值,体现在传播中国传统体育文化,促进国际文化交流与合作,促进科教兴国、文化强国的建设上;③社会与自我价值,体现在社会个体不断塑造个性、提高自我体育技能与身体健康水平上,个体通过参与社会体育活动,实现体育的社会价值,同时又在社会对个体肯定与反馈的社会性过程中,实现个人的体育价值;④强化学校体育教育理念领域相关研究,对于把握发展趋势,发现当前问题及成因,提出对策与建议,促进高校体育教学和谐可持续发展具有重要价值。

(三)高校体育教学理念研究的意义

1.理论意义

从历史学视角梳理高校体育教学理念的发展历史,能够深化认知层次,探讨高校体育教育发展的客观规律,挖掘其内涵与理论价值,从经验教训中获得启示;从科学发展观视角肯定其成就,褒扬其亮点,鞭策其不足,为高校体育教育健康可持续发展提供理论和建议;从国际化视角横向对比国内外高校体育教育理念,在批判中学习西方先进高校体育教育理念,丰富中国特色传统体育教育理念的内涵,并拓展其外延;从可视化视角构建以育人为最高目标,以知识技能为主导,以培养能力为重点的高校体育教育研究模型,促进研究手段与方法的更新,使得研究结果更具有针对性、科学性与价值性,进而为中国特色高校体育教育理论体系的构建与完善,以及高校体育教学领域相关政策的制定与实施,提供理论支撑与参考依据。

2.实践意义

从可持续发展视角看高校体育教学理念的改革和发展,对于健康中国与体育强国建设、全民健身工作发展的推进、中国青少年体质状况的改善、多样化体育人才的储备,具有重要意义。同时,对于十九大新起点上的中国高校体育教育的实践工作,具有指引、检验与修正的作用。

从方法论视角看高校体育教学理念的改革与发展,方向走向为前进上升,表现为发展过程前进与曲折并存,实质上是新的高校体育教育理念取代旧的高校体育教育理念的过程。在整体上追踪高校体育教育研究的发展轨迹,深层次挖掘其发展原因、政策、社会背景,能够深刻认识高校体育教育发展量变与质变的关系,做好迎接挑战、克服困难的准备。同时,做好高校体育教学理念的理论与实践积累,抓住时机促成高校体育教育体系的建立与完善。

第二节　体育教学的原则与规律

一、高校体育教学的基本原则

在高校体育教学的实施过程中,必须遵守五大基本原则,才能避免体育教学过程中的盲目性与随意性,保证对健康体育锻炼的共同追求和向往。

(一)区别对待

根据不同个体的实际体质,每一个人的体育锻炼方法必然不同,应该结合实际选择适合自己的体育锻炼方法。普通高等学校招生除招收高中应届毕业生外还可通过成人高考,由于高考年龄限制的取消,大学生个体健康素质差异很大,情况也多种多样。我们应该采取区别对待原则,根据不同年龄层次、不同健康状况群体的需要,传授不同内容,采用不同施教模式,实施灵活多样的体育教育形式。

(二)循序渐进

具体的体育锻炼活动应有科学合理的顺序和计划安排,应按照合理的顺序,穿插适当的休息,形成加强—适应—再加强—再适应的模式,逐步提高身体素质。良好的身体素质是掌握专项体育运动技术的基础。因此,在体育教育课程安排上,应从基础抓起,全面提高身体素质、发展体能,然后传授专项运动技能和知识,再结合学生自身特色发展属于他们自己的体育风格,历经被动接受到主动创新的过程,是高校教育未来发展的趋势。

(三)积极创新

需要(目的)→动机→兴趣→行动这是心理学的规律,它说明人类行动的积极主动性来源于需要。时代是不断进步的,任何事物的发展趋势总是前进的,而发展的道路又是迂回曲折的。高校体育教学也不例外。体育教学的理论和方法需要不断创新,专项运动技术与知识也需要不断完善,只有不断创新,新理论与新技能才能符合大多数人的利益,满足学生的个性化追求,从而得到当代大学生的支持和拥护。与此同时,高校体育教学才能在改革创新中得到发展。

(四)积极主动

在平衡发展的基础上,高校体育教学必须使参与者认识到参加体育锻炼的重要性,并产生寻求健康体育锻炼方法的积极性,充分调动他们的自主性和目的性,唤起学生对健康体育的追求和向往。了解不同学生的需要,针对当今高校体育教学存在的问题,加强对大学生的体育健康理论知识教育。通过多样的体育运动形式,培养学生自觉参加体育锻炼的习惯,形成全民健身的良好氛围,使体育成为一种兴趣。

(五)从实际出发

通过深入调查了解大学生的身体状况和体育观念,以增进大学生身体健康为核心目标,通过锻炼增强学生体质,使学生进一步掌握体育专项基础知识和体育锻炼技能,在健康体育理论的基础上,注重学生的心理健康教育和生活健康教育,保持学生各种身体机能和技能的平衡发展。

二、体育教学的规律

(一)体育课程应该遵循的一般规律

1.社会制约性规律

体育教学是一种社会性质的活动,因此,在教学的过程中会受到多种社会因素的影响,诸如社会物质、文化条件和社会发展趋势、需求,以及社会政治和经济的特点等。[①] 因此,体育教学的目标和内容也不相同。体育教学不仅仅是学校教育的组成部分,并且在学校教育中起着重要的作用。与此同时,体育教学的条件和手段对社会经济的发展和科技水平的高低以及社会文化水平都有不同程度的依赖性。因此,体育教学必须遵循社会制约性的规律,并且随着社会需求的变化而不断变化。

2.学生身心发展的规律

学生是体育教学的主体,是教学目标的实现者和教学任务的承受者,学生的身心发展会随着年龄的不同而表现出一定的规律性。处于不同年龄阶段和教学环境下的学生的身心发展特点不尽相同,为了保证教学过程符合学生身心发展的需要,在进行教学目标的制定、教学方法的选择、教学内容的安排的时候,都必须根据学生的特点,保证其既符合学生接受能力和体质状况,又符合学生的身心发展规律和特点,如此才能使体育教学过程具有针对性,才能保证教学目标的顺利实现。

---

① 沙茜. 体育教学与体育文化融合研究[M]. 北京:北京工业大学出版社,2021.

3.认知事物的规律

体育教学过程是学生掌握体育相关知识、技术和技能的过程,在这个过程中需要有体育教师正确的引导,才能保证教学顺利完成。为了保证教学目标的实现,在教学过程中,必须遵循学生认知活动的规律,在此基础上,引导学生将感觉、思维、实践三个环节紧密地结合在一起。在学生接受知识和技能的过程中,感知是认识事物的基础,但是学生在不同的阶段,有着不同的感知能力;思维是学生对所学习事物的理性认识,学生思维的发展具有顺序性和阶段性;实践是学生对所学知识和技能的巩固和发展,以及不断提高的过程,同时也是增强学生体质、完成体育教学目标的必要途径。因此在进行体育教学的过程中,要严格遵守学生认知事物的发展规律。

4.体育和德育、智育相统一的原则

随着我国对体育教学研究的不断深入,我们逐渐认识到,体育教学承担着增强学生体质的作用,因为它是一种以小组、团队等集体为主的教学,因此教学活动对学生的思想道德、精神面貌、意志品质等也会产生一定的影响。教学过程也是学生的认识过程,要在此教学过程中,不断提升学生的素养和认识,充分发挥学生的体力和智力优势,使学生能够掌握正确的学习方法,并养成一些良好的习惯。体育教学的目的就是培养全面发展的学生,因此在教学过程中,应该始终坚持德育、体育和智育完美结合的教学方法。

5.教、学相统一的规律

教学的过程是教师教授和学生学习的过程,要想促进教学质量的提高,必须正确地认识教学的过程。在教学过程中,不仅要充分发挥教师的主导作用,同时还要十分重视学生的主体作用。在整个体育教学过程中,两者缺一不可,与此同时,两者之间还存在着非常紧密的联系。教师的教是教学过程的外因,学生的学是教学过程的内因,外因只有作用于内因,并且通过内因的变化,才能起到教学的作用,因此,教师的主导作用和学生的主体作用是相互联系、相互制约的。在教学过程中,应该坚持教与学

相统一的规律,这样才能取得更好的效果。

（二）体育教学应该遵循的特殊规律

1. 动作技能形成的规律

体育教学是一门实践性较强的学科,在学习的过程中主要以运动为主,体育技能学习和掌握的过程有自己的规律,这是个体在学习某种动作技能过程中的基本规律,主要包括粗略领悟阶段、改进和提高动作阶段、巩固和运用阶段。无论任何一种动作技能的习得都需要经过这三个阶段,这就是动作习得的规律。但是由于每一种动作的难易程度以及学生的熟悉程度不同,在每个阶段所需要花费的时间也就有所不同,因此,三个阶段的划分虽然是动作习得的必经规律,但是却没有严格的、明显的界限。对体育教学而言,只有在教学过程中,根据不同的动作内容,严格遵循动作技能的形成规律,才能最大限度地提高教学的效率和质量。

2. 人体机能适应性规律

人体在进行运动的时候,体内会发生一系列变化,由于不同运动对机体造成的影响不同,机体对每种运动都有一个适应的过程,并且有一定的规律性。机体在运动的时候,由于动作变化,会使机体产生一定的负荷,从而产生能量消耗,这一时期称为机体的工作阶段。经过一定时间的调整和休息,机体体内的能量逐渐恢复到之前的水平,这一阶段称为能量的恢复阶段。经过一段时间的休息,机体的能量超过了之前的水平,这就是超量恢复阶段。因此在教学过程中,要合理利用这一规律,把握好运动的时间间歇,保证最佳的学习状态,提升教学的质量。

3. 人体生理、心理活动起伏变化的规律

体育教学的目标不仅是增强学生的体质,提高学生的运动能力,除此之外,还关注学生的心理健康,强调身心的共同发展。这就是当前体育教学中提倡的"促进学生全面发展"的目标。从体育教学的特点上看,运动本身就是学生身心共同参与的过程,在反复的练习和休息过程中,学生生理机能的变化具有一定的规律性。由于学生的年龄、身体条件不同,及所处的气候条件、社会环境以及所接受的训练方法不同,教师选择的教材和所采用的组织教法也存在着一定的差异性。对于少年儿童来说,机体的活动能力一般是上升速度比较快,但是维持的时间较短,和身体活动相对应的是,学生的心理活动也呈现着相同的发展趋势。由此可见,体育教学过程中呈现着不同的变化趋势,这也是体育教学应该遵循的规律。

由于体育教学在学校教学过程中具有重要地位,再加上体育教学具有复杂性和实践性,因此在教学过程中要围绕上述规律进行,以提高教学的效果。

第三节　体育教学的因素

一、体育教学目标

根据大学生的特征和国家教育政策的需要,高校体育教学目标可总结为:推进素质教育,贯彻落实"学校教育要树立'健康第一'的指导思想,切实加强学校体育"的精神;引导学生掌握体育基本知识与技能,培养学生的体育意识和科学锻炼的习惯,激发学生体育锻炼的兴趣;促进文化教育与体育教学的有机结合,提高学习效率,迎合学生多样化及个性化的需要,促进学生德、智、体、美、劳全面发展;培养成为具有团结协作、积极创新、竞争意识的未来社会主义接班人。

高校体育教学的首要目标就是强身健体。大学体育教学以育人为宗旨,以强身健体为出发点,以发展大学生鲜明个性、培养大学生体育意识、养成终身体育锻炼习惯为主要目标。高校体育教学实施过程就是指导每一位大学生积极进行体育锻炼,促进大学生形态结构、生理机能和运动素质健康发展,为工作、学习与生活奠定坚实的基础,由此构建一个由多个子系统组成的目标体系。

目标体系主要由三大目标和两大指标构成,其中,两大指标是指运动技能指标和发展身体指标。这个目标体系宗旨是树立正确的健康观念和终身体育观念,掌握健康与卫生知识以及科学锻炼的理论和方法;发展目标在于提高适应环境能力,提高心理和生理素质;在意志品质教育方面,培养良好的道德规范,发扬团队合作的集体主义精神,激发积极进取的拼搏精神;运动技能指标中包含专项理论、运动能力、各级素质指标;身体指标中包含全面素质指标、身体机能指标和身体形态指标。整个目标体系全面、系统地分析了学生在不同阶段、不同层次的发展目标,避免了高校体育的盲目性和随意性,也增强了大学生追求健康体育的主动性、积极性。

高校健康体育的目标要理论联系实际,以锻炼身体为起点,循序渐进到专项体育运动,再深化到专项理论知识、科学锻炼的原理与方法,最后培养学生终身体育的习惯。以往在应试教育下,学生普遍体育意识淡薄,健康体育理论知识不健全;如今在素质教育下,高校体育更应该注重学生身心健康素质,为学校体育过渡到社会体育打下良好的基础。

二、体育教学客体——学生

学生既是教育的对象又是教育的主体,也是教育要素的重要组成部分[①]。从教学活动来看,学生处于受教地位,是客体;从学习活动来看,学生处于主动学习过程中,是主体。可以说,在教育过程中的学生是主体与客体的辩证统一体。教师是学生学习的引导者,学生是学习的主体,是体育教学活动的主动参与者,学生的积极性与其自身的努力程度是体育教学取得良好效果的重要因素。因此,在体育教学中,体育教师应充分调动每一个参与体育课程的学生的积极性、主动性,培养他们独立思考的能力,最大限度地发挥每一个学生的潜能。摸清学生的实际情况以及对体育的观点和看法,有利于体育教师在进行体育教学设计时综合考虑学生各方面的因素,使得体育教学设计更加具有科学性与合理性。

高等体育院校的学生绝大部分是经国家体育专业术科考试或高水平单招等途径入校的。因为招生面向全国,学生们的性格、身体素质、竞技

---

① 陈理宣.教育学原理[M].武汉:武汉大学出版社,2015.

水平以及对各自专项技能的掌握程度等难免会存在参差不齐的情况。况且这些来自全国各地的学生具有不同性格、成长环境、价值观以及理想与追求,当他们共同生活在同一个环境中时,差异化的程度将会凸显,从而必定会导致教师执教难度的加大。在这种状况下,高等体育院校教师实施体育教学时,不能只进行简单机械式的知识传授与经验式教学,还需综合考虑其身体素质、性格、情感、知识接受能力、专项技能基础、运动能力等方面的差异,对整个教学过程进行研究与反思,从而因材施教,适时调整教学方法、步骤与策略。

在体育教学活动中,学生要承担比一般学习活动更为复杂的学习任务,除了学习一般的理论性体育知识之外,还要进行身体练习的实践性操作。而就身体练习本身而言,任何一个动作的完成,都是以理解运动技术的智力活动为基础的。

在体育教学中,学生的身体素质决定着学生在本堂课程当中对体育技能理解和运用的程度。身体素质是体质的重要组成部分,是维持人体活动的基本形式,身体素质的强弱直接影响着体育教学中个人的表现和体育运动水平的高低。通常,在体育教学中,由于体育课程受到时间等诸多方面的限制,体育教师会放松对学生身体素质的训练,使得学生在体育运动技能以及体育能力的提升方面存在着不足。体育教师在体育教学中必须针对不同身体素质的学生安排练习,以此来促进每一位学生身体素质的发展。

作为体育教学中学习的主体,兴趣是决定学生对体育活动喜爱程度的一个重要因素。学生对于体育运动的兴趣,直接影响他们对体育运动的主动性和积极性,也会影响学生对于体育运动技能的掌握。体育教学实践证明,只要学生对体育运动有了兴趣,便会将学好体育作为自身的一个需要,充分调动自己的积极性与主动性,努力克服在体育学习中的各种困难,以此来提升自己的体育技能。学生对体育运动感兴趣,这对体育教学效果具有十分积极的影响,也为取得良好的体育教学效果奠定了基础。

三、体育教学主体——教师

教师是履行教育教学职责的专业人员,是教育要素的重要组成部分,是教学活动的主导。相对于一般教师而言,体育教师在教师群体中的定位更为特殊。由于体育教学活动是智力活动和身体活动的有机结合,就要求体育教师不仅要掌握体育知识,还要能够对运动技术进行实际示范。为了在教授环节中避免体育知识和运动技术的脱节,且能相对容易地被学生理解、接受,体育教师自然要借助体育教学术语进行教学。

在日常的体育教学活动中,老师是占有绝对的主导地位的,体育教师是掌握权力、"发号施令"的人,责任重大。因此,体育教师应不断学习进步,加强对外交流,也可由老教师带动年轻教师发展;校方也应加强专业师资力量的引进,尤其是对现有的人才招聘制度进行改革,不能以论文、学历作为引进标准,对于一些专业技术优秀、参赛经验丰富的老师可以适当放宽准入标准;国家体育总局也应支持退役运动员的再就业,帮助他们利用极其丰富的大赛经验和极为高超的技术动作进行教学,反哺我国的基层体育教育。

教师语言表达能力也对体育教学效果有重要影响。在体育教学中,教师需要凭借语言来与学生交流沟通,因此教师要适当地掌握语言的艺术。当体育教师向学生传达口令时,清晰简洁的口令可以使学生准确接收。如果体育教师在教学中能够运用条理清晰、生动形象的语言解释各种体育知识,学生就能更好地接受与掌握本堂课的知识。如果教师不能够通过语言将自己的知识传授给学生,学生便会丧失对本门课程的学习兴趣。因此在体育教学中,教师要适当运用语言的艺术,使学生能够充分吸收本节课的知识与技能。

体育课程设计主要是将教师的教与学生的学相结合,讲解示范是体育老师传授知识的基本教学手段,是使学生建立基本技术概念的有效途径。教师运动技能的专业性、教师的学历水平、教师参加大赛的能力、教师外出培训的能力,都决定了教师的运动技术和身体素质水平,因此,教师的技术水平与动作示范能力在教学过程中起着重要的作用,会直接影响体育课程的教学效果。

体育教师的其他教学能力直接影响着教学质量和效果,也是衡量一个教师教学水平高低的重要指标。在体育教学中,体育教师要能够根据不同的教学对象选择科学合理的教学方法,从而有效地将体育课程中的知识与技能传授给学生。

在体育教学中,体育教师除了具备基本的体育知识与体育技术之外,还要结合体育教学实际不断地与时俱进,时刻关注体育教学的最新变化发展和理论研究成果,结合自身情况将最新理论成果运用到教学中去,不断地提升自己的技术水平与动作示范能力。体育教师的积极教学态度能够促进学生学习态度的改善,提高学生的学习能力,增强学生的自尊心与自信心,缓和他们的焦虑情绪,形成并巩固大学生待人处世的积极态度。

四、体育教学内容

高等体育教学内容要在教学中为实现教育目标提出不同层次的要求,教学内容不是单一的,而是多样的。

第一,以传授知识为己任,使学生熟悉教育法规,能基本使用高等教育学、高等心理学以及体育教学与训练的知识,熟练掌握各项运动技能的教学方法与训练技巧。

第二,掌握多媒体教学手段,知晓学校体育的演化与推进动态,具备独立学习思考的能力。

第三,培养学生健壮的体魄与良好的行为生活方式。

第四,培养学生对祖国的热爱之情,使其具有社会责任感、职业道德,符合公认的道德要求并着重塑造学生的意志品质、情感、价值观等,使其能适应现代化社会和市场经济发展的需要,具备较强的创新能力、实践能力和社会适应能力。

体育教学内容的难易程度也对体育教学效果产生一定的影响。教学内容安排过于简单就无法完成教学计划,也使学生无法掌握体育课程的基本技巧和理论基础,不利于学生的发展。教学内容安排得过于困难,不利于充分调动学生的积极性和主动性,也不利于学生基本动作技巧和比赛技巧的掌握。因此,在体育教学内容安排上既要考虑体育课程的教学目标,也要结合学生的实际,使体育教学内容的难易程度能够适合大多数的学生。

五、体育教学过程

教学过程指教师与学生在共同实现教学目标过程中的活动状态变换及其时间流程。人类是复杂的个体,常会受到情感、环境等外界因素的影响。在实施教学的过程中,即使在课前已经依据教学基本规律精心地备课,但是随着教学活动的开展,课堂上会发生什么,即将发生什么,是难以准确预料的。

在高等体育院校的教学过程中充满动态的、不确定因素,也许是一位调皮学生的天真提问引发了全班同学的笑场,从而打断了教学思路;还可能是另外一位学生的独特观点引发了教师对教学内容的深层次思考,从而使之顿悟。这意味着体育教学很可能不会严格遵循教学计划照本宣科式地完成,没有一种教学方法能适应所有环境以及各种情况。例如,在高等体育院校的专业课上,一种运动技能可能有几十种训练方式和教学方式,但并不是每一种都适合进行教学实践,训练方式和教学方法还受制于教学对象的运动技能基础、身体素质、运动天赋等,在传授运动技能时要因材施教,灵活运用教学方法和训练方法,这样才能达到教学目的,完成教学内容。

简言之,高等体育院校的教学过程是在师生交互、不断探索的进程中由师生共同完成的。这就需要根据教学内容、对象和现场情况的变化,及时修改教学计划并调整课堂组织形式,从而灵活开展教学活动。

六、体育教学环境

体育教学环境大多数情况下指的是承载体育教学的自然环境、社会环境及精神环境。体育教学环境的好坏对体育教学活动的开展起着十分重要的作用。首先,由于高等体育院校的教学内容、学生个体差异、教学空间以及教学环境各不相同,教学环境展现出复杂性和不确定性,体育教学实践的顺利实施会受到些许阻碍。而高等体育院校的课程任务除了传授专业的术科理论知识和运动技能外,还需要对学生进行理论联系实际的思维与行为指导,促使学生充分理解与运用某项运动技术。其次,高等体育院校专业课程的开展绝大部分是在室外的课堂环境下进行的,对于教学环境的学科内容创设与氛围营造更具挑战性。换言之,为灵活驾驭动态变化的复杂教学环境,教师需要对未知教学情境进行假说研究,在教学过程中需要具备问题意识,敏锐发现问题并全面分析、解决问题。在进行体育课程设计与安排时,要保证能够有标准的体育运动场地,这样才能保证体育教学课程有一个良好的教学环境,才能取得较好的教学效果。

在思想政治教育过程中,环境具有很大的影响。高校体育教学环境能够为大学生营造良好的文化氛围,能够对大学生思想品德、价值观念的形成起到潜移默化的作用。高校要以体育教学为核心,在大学校园体育环境建设中弘扬高校体育精神,建设高校体育物质环境,完善高校体育制度,才能更好地发挥体育教学的育人功能。

(一)体育文化环境

体育文化环境作为校园体育文化的核心和灵魂,主导着校园体育文化环境育人的方向。要建设校园体育精神文化环境,首先就要使大学生树立正确的体育观念,要让大学生将体育当作日常校园生活的重要组成部分,将体育锻炼看作一种健康的、积极的、科学的生活方式,培养大学生良好的体育道德和日常体育习惯,强化他们的体育意识,帮助他们将体育融入日常生活,从而在思想上树立终身体育观。高校要充分发掘体育精神的文化内涵,对体育精神文化进行更深层次的研究,使大学生们能够从不同角度、不同视角全面深入地了解体育。同时,在大学校园内宣传和弘扬高尚的体育精神,如奥运精神、女排精神等,用良好的高校体育校风和由体育精神文化所营造的良好氛围来促使大学生主动参与到体育锻炼中去,让大学生在感知体育文化、享受体育乐趣的同时,被体育运动里面蕴藏的体育精神所感染,了解体育精神,理解体育精神,贯彻体育精神。

(二)体育物质环境

体育物质环境作为高校体育环境的物质基础,也是体育文化环境在物质层面最直接的载体,是高校体育文化环境中能够被直观表现的部分,这也使得体育物质环境成为体育文化环境发挥育人作用的根本保障。在大学校园内,能被看到、感知到的物质环境,如体育场馆及体育器材、体育建筑及体育设施等都能够直接表现一所大学的校园文化,要加大经费投入建设和完善具有亲和力的校园体育物质环境。也只有在这样的氛围中,广大师生才能够对体育运动产生热情,才会主动参加体育锻炼,这样才能提高校园体育活动的参与度。高校要努力丰富校园体育物质环境的内容,提高体育环境、体育设施潜在的教育性优势,通过对校园体育环境的建设和强化,在校园中营造良好的体育教学环境氛围,充分发挥高校体育教学环境的育人功能。

1. 自然环境

体育教育专业授课的特点主要以身体与专项技能的学习为主。温度、空气、湿度等人力无法干预的自然环境因素对教学活动都会产生一定的影响,这些因素会直接或间接地影响的教学效果和教学质量。若体育场馆内的光照时间充足,要及时进行通风换气,这样会使师生头脑清醒、心情愉悦,那么整体的教学效果就会有显著提升,学生积极性也会大增;反之,则会使师生意志消沉,进而降低体育课的教学质量,学生学习效果也会大幅度降低。空气湿度对体育课的教学活动同样具有一定的影响,例如,夏季湿度要比冬季湿度大,温度较高,室内场馆授课时会导致学生身体不适,甚至中暑,影响正常的上课进度,冬季天气寒冷干燥,学生对运动的敏感性降低,不愿从事高强度的活动和热身,因此极易受伤。

2. 教学设施

在体育教学环境中,教学设施主要涵盖场地、器材、活动空间等诸多要素,同时还包括一系列服务项目,如场馆的采光是否充足、场地周边的生态环境是否良好，以及场地器材的及时维护、保养、更新换代等后续服务，这些条件都会直接或者间接地影响学生学习的兴趣和老师授课时的心情，甚至会对学生的身体造成伤害，所以良好的教学设施在日常体育教学中具有十分重要的作用。场地器材对于正常的教学也是十分重要的，良好的、专业的场地设施，会给学生一种强烈的心理暗示。运动设施作为体育教学正常开展的基础，要发挥其保障效用，校方应根据当地环境特点与自身条件，适时对室外场地进行改建、扩建，利用绿色植被改善校园的小生态环境，同时整合资源把室内场馆的场地项目进行细化，营造舒适的体育教学环境。

(三)体育制度环境

高校体育制度是高校体育教学的重要组成部分，对于高校体育教学系统而言，是其能够正常运行的重要保障。因此，高校体育制度能有力地保障校园体育教学的建设。体育制度是连接体育物质文化和体育精神文化的桥梁，校园体育精神依赖于体育物质环境的支撑，但是仅仅如此还是不足以让体育精神文化和体育物质环境结合到一起，它们之间的结合还需要依赖制度作为保障，也只有依靠体育制度才能将两者结合起来，共同发挥育人作用。体育制度的建设是一项长期的、需要探索创造的工作，需要贯彻落实各项体育规范，将校园内的所有体育工作制度化、规范化、程序化，还包含了各种管理理念和管理手段。只有做到将校园体育制度系统化，学校师生才能更好地享受校园内的体育物质环境，更加主动地弘扬校园体育精神文化，在遵守规则的前提下，享受体育运动的过程，提高自我修养。

七、体育教学方法

体育教学内容是体育教学的核心，而体育教学方法又是体育教学的重中之重。在新时代，教学方法层出不穷，比比皆是。但究竟哪种方法更为实用，还得根据不同的教学项目去制定。比如，在田径与体操项目中，运动员只要稳定发挥就能取得意料之中的成绩，此类运动很少涉及外界情境因素,但对于复杂多变的球类运动来说,其运动技术的发挥与外界情境有莫大的关联。一直以来,在进行运动技能教学时我们都是从运动项目技术角度去展开教学,这样的教学方式如果用在封闭式运动技能贯彻上是可以行得通的,但用在开放式运动技能教学上就是不合时宜的,因为它忽视了技能形成与环境的交互作用,必然对教学效果产生很大影响。

由于体育教学自身的特性,在教学中教师不仅要掌握基本运动技术,还需要结合对环境的把握预判、技术的选择来发展思考、判断等多方面能力,而在体育新课程建设与教学改革中,学校应大力提倡发展这些隐性知识,如探究能力、创新能力一直以来都是新课程目标津津乐道的。在平时的教学中,常会出现学生训练成绩和比赛水平脱节的现象,有很多的运动员或者学生校队成员在平时总是出类拔萃,但是一到正式赛场上,取得的成绩却并不尽如人意,很多教练、教师包括学生自己都发出疑问,为什么平时状态很好但在正式比赛中却难以发挥出水平呢?这一问题困扰着许多教师、教练员、运动员和体育工作者。原因在于他们没有真正理解运动技能项目的特征。正式赛场上外界环境瞬息万变,自身发挥受环境干扰较大,除了要熟练掌握一般技术,预判能力和决策能力也显得非常重要。要引导学生思考和分析,教学方法的选取有很大的借鉴意义,也有一定的实践意义。

在学校体育改革逐步深入的背景下,探寻更多行之有效的教学方法或教学模式的实证研究对学生运动技能的学习和兴趣爱好认知能力的培养具有重要的意义,也符合新课标下教学创新的指导思想。

随着学校教育改革和体育改革的逐步深化,高校体育工作一直都在探索新的教学方法,健康第一、以人为本的教育理念是现今体育教学课程的指导思想,也是时代发展的必然趋势,应充分发挥学生的主体性,把学生作为教育教学的出发点,提高学生的体育素养,挖掘并开发学生的潜能,促使学生快乐地学习。教育部门和教师都清楚滔滔不绝、按部就班、"满堂灌"的教学方式已经不能满足现在教学的需要,而应发展学生自主性、创造性。运动技能是运动技术的高级进阶名词,在体育教学中,单纯的技术讲解不利于学生掌握运动技能,各种新型的教学法在体育教学中比比皆是,各有优、缺点。

八、体育教学评价

教师的评价反映了学生的学习情况,及时的评价有利于学生对知识和技能的掌握,准确的评价则有利于激发学生学习的热情。体育教学评价对体育教学至关重要,是学生上体育课的指挥棒,如果评价不科学,就会影响学生的学习积极性,因为一个集体是否团结友爱、保持上进精神,与这个集体是否公正有非常大的关系,如果教学评价出问题,那么优秀的学生将不会再努力,不优秀的人则会在学习上投机取巧,不利于教学活动的开展。改善学生体质健康水平与促进学生全面发展是高校体育工作的最终目标。要建立高校学生体质监测与评价体系,建立学生体质监测中心,每年对学生进行体质健康测试,将测试成绩反馈给学生,并列入学生档案。

高校体育教学评价机制的确立是有效开展学校体育评价工作的前提,只有建立了稳定有效的评价机制,才会对相关执行效果进行检验,从而督促执行人员严格执行。高校体育教学也需要建立一套评价机制,以及时发现体育工作中存在的问题,促进体育教学工作的顺利执行。教育部于 2017 年颁布实施的《高等学校体育工作基本标准》则是对高校体育工作评估、检查的重要依据。高校体育教学评价内容如表 2-1 所示。

表 2-1 高校体育教学评价内容

评价项目	评价内容
体育工作规划与发展	指导思想与发展规划
	组织机构管理
	工作规章制度
体育课程设置与实施	教学文件与制度
	教学研究与改革
	教学质量监控与评价

续表

评价项目	评价内容
课外体育活动与竞赛	课外体育锻炼
	学校体育竞赛
	课余体育训练
学生体质监测与评价	学生体质健康测试的实施
	学生体质健康测试的应用
	学生体质健康指导
基础能力建设与保障	体育经费
	师资队伍建设
	体育教学条件

高校体育教学评价的目的是更好地改进体育教育教学,从这个角度上说对学校体育教学工作的评价不仅仅是为了"评价",而是要在评价之后给予反馈,评价反馈的程度将直接影响高校和学生对学生行为的调整和把控。

正如对学生学习的评价是通过评价结果——考试成绩一样,对高校体育教学工作的评价结果也应纳入对相关主体的考核范围,这样才能更好地发挥评价的激励作用。高校体育教学评价主要是对学校体育教学主体和学校体育工作开展的评定,由于工作人员在学校体育教学中处于核心地位,其主观能动性直接影响学校体育教学活动的开展,所以对学校体育工作主体的评价是最核心的部分,而评价结果如何运用就成为评价中的重要一环。

建立高校体育教师教学学术的激励机制。高校体育教师教学学术激励机制与职称晋升、学术资源分配等密切相关,而体育教师教学学术激励机制中最有价值的部分是声誉和学术地位。充分利用好激励制度,就可以由外而内地促进体育教师的体育教学学术活动,也可以提高高校体育教师对于教学学术的兴趣,使其乐于参加体育教学学术活动,可以自信地与同行们进行交流探究。所以,在发展激励制度时,要更好地解决问题,制定评价标准时,要以增加高校体育教师教学学术成果为主,让擅长体育教学的教师在评定职称时,有一定的话语权,并怀抱希望,让他们不至于对自己热爱的行业失去兴趣。科研与教学的评价标准差异,使得教学评奖力度一直落后于科研评奖,整体地位得不到提升。因此,通过建立体育教师教学学术的激励机制、增加体育教师评选的名额、多投入资金等措施,使高校体育教学学术发展拥有坚固的外部保障,也将有力地推动高校体育教师在体育教学实践层面上积极开展体育教学研究和交流。

改善高校体育教学评价可从两个方面进行:第一,改进评价方式。首先,要对现有的评价标准进行梳理,目前高校对教师的评定主要以科研论文的发表为主,缺乏对工作开展方面的评价。其次,要注重多种评价形式并存,建立诊断性评价、形成性评价和终结性评价三位一体的评价结构,共同促进高校体育工作开展;第二,进行激励机制建设。从目前高校体育工作及关于政策执行实证的调查来说,激励机制的缺乏成为限制其发展的重要因素。要树立这样一个观点,即高校体育政策所涉及的相关主体从本质上来说都是自然人,这就需要调动他们的主观能动性,激励机制就是有效的办法。所以有必要在高校体育工作和政策执行方面,引入激励机制,通过奖惩等手段促进高校体育政策的顺畅执行。

第三章

核心素养视域下 高校体育教学内容改革研究

第一节 体育教学内容的编排与选择

一、体育教学内容的编排

(一)体育教学内容的编排方式

在进行体育教学内容编排时,由于学制本身存在的周期性和循环性,所以体育教学内容同样具有一定的周期性和循环性。循环性和周期性主要是指学年、学期以及课程方面某一单元或某一节课。例如100米跑步,教师在进行课程教学内容安排时,必须在至少两节课程上进行项目安排,而且是在不同的时间。因此,在理论基础上,我国的体育教学内容在编排方式上主要是以不同的体育内容和性质进行划分,具体可以从以下四个层面进行:

(1)"精学类"教学内容——充实螺旋式。

(2)"粗学类"教学内容——充实直线式。

(3)"介绍类"教学内容——单薄直线式。

(4)"锻炼类"教学内容——单薄螺旋式。

由此不难看出,螺旋式和直线式是体育教学内容编排的主要方式,其详细内容如下:

(1)螺旋式排列

螺旋式排列是指对体育教学内容按照发展过程进行曲折性的编排，强调其内容呈现从简单到复杂、从低级到高级的近似于圆圈式的发展，从自身出发，最终又回到自身，是一个递进式的提高过程。

(2)直线式排列

与螺旋式的循序渐进的排列方式不同，直线式教学是把课程的内容组织形成一条逻辑上前后联系的直线，且不具有重复性。

螺旋式课程排列和直线式课程排列都具有较强的实用性，都是以体育教学内容中的理论实践为基础，与实际教学过程中的各种状况相结合实现教学创新。但是相对来说，直线式教学排列主要是为了进一步提出螺旋式概念，即学生在不同的年级以及自身身心变化性的发展。

(二)体育教学内容编排的注意事项

在进行体育教学内容编排时，应注意以下问题：

1.充分考虑学生基础与实际

学生是课堂教学的主体，因此，体育教学内容的编排应当充分考虑学生个体差异性，如男生和女生的不同生理和心理结构；不同年级学生的掌握体育知识的不同基础等。只有充分考虑学生基础和实际，才能使教学内容适应于学生需要，有效提升教学质量。

2.重视不同的体育运动和身体练习的特征

在进行体育教学内容编排时，除了要帮助学生理解和掌握相应的知识点外，还应当引导学生积极、灵活应用知识点，从而形成对知识的巩固、加深。

二、体育教学内容的选择

(一)体育教学内容选择的依据

1.体育课程目标

体育课程的目标具有多元性特征，若以其作为体育教学内容的依据，有利于丰富教学内容。

体育教学目标是以教学内容为指导和引领方向，并通过多个教学环节验证目标是否科学的,所以能够成为体育教学内容选择的重要依据。因此,体育教学内容是遵循其教学目标而做出相应的选择。

2.学生的需要及其身心发展规律

体育教学的首要目的就是促进学生的身心发展,因此在进行体育教学内容编排时就势必要考虑学生的身心需求,其中要以激发学生的兴趣和热情为关键,这样才能达到更有效的教学效果。学习是一个主动参与的过程,若学习对象让学生感到愉悦、有趣,其参与程度也会大大增加,学习效率也会有效提升。这符合"兴趣是最好的老师"的教育观点。兴趣是一种无形的动力,若学生以兴趣为出发点参与到学习中来,学习则更具有意义。研究显示,当今大学生更倾向于参加各种课外的体育运动锻炼,但是对体育课却缺乏积极性和参与性,最主要的原因就是兴趣的缺乏。

3.社会发展的需要

学生的个体发展在社会中进行,与社会并存,良好的体育教学能够为学生身体素质打下坚实的基础,因此,体育教学内容在选择时,除了重视学生个体的需求,同样不能忽视社会现实的发展。学生在未来社会中的发展所需要的体育素质,都需要与体育教学内容联系在一起,这样才能让学生体会到体育教学内容的实际作用,才有利于充分发挥体育教学功能。

4.体育教学素材的特性

体育教学素材的特性影响体育教学内容的选择。一般来说,其特性主要表现为以下几个方面:

(1)内在逻辑关系性不强

体育教学素材与其他学科的区别在于体育教学素材的内在逻辑性不强,无法完全根据学生的身心素质和体育项目的难易程度进行选择,通常只能根据运动项目来进行划分内容,其内容通常保持一种平行并列的关系,如足球和篮球、体操和武术、跳高和跳远等。从表面上看这些项目似乎具有一定的联系,但通过仔细区分和比对可以发现,它们之间又没有绝对的关联,而且也没有先后顺序关系,因此无法判断出某一运动项目就是另一运动项目的基础,也无法确保教学内容的顺序性和规定性。

（2）具有"一项多能"和"多项一能"的特点

所谓"一项多能"是指，一个体育运动项目具有多功能性，以游泳为例，有人通过这一运动项目参加竞赛，有人通过这一项目进行娱乐，有人通过这一项目进行健身、塑形、减肥等。游泳作为一个单项运动项目能实现多个目标的共同实现，这就是体育"一项多能"的特点。而"多项一能"则是指不同的体育运动项目之间具有可替代性和互换性。[①] 比如从事投掷练习，可以通过扔沙袋、投小垒球进行练习，但同样也可以用推实心球、推铅球等项目进行替代训练。同样的，若是想通过体育活动来使自己的身心得到放松，不仅可以通过跑步、打球等项目实现，也可以通过游泳、骑自行车等项目来实现。因此，体育教学使得体育教学内容中没有必不可少的项目，没有硬性的规定性。

（3）数量庞大

数量庞大是指体育教学内容中的项目数量庞大、丰富多彩，且很难对其进行严格的归类和划分。既可以根据球类、田径类、体操类等不同种类进行划分，又可以根据传统体育项目、现代体育项目进行划分，还可以根据季节划分，如夏季奥运会运动项目、冬季奥运会运动项目。又由于每一个运动项目对练习者的身体素质都有着不同的要求，而教师又并非精通所有的体育项目，所以在进行体育教学内容编排时，很难找到一套具有综合性、全面性的运动组合针对所有学生，也几乎不可能编排出适合所有地区的教材内容。

（4）不同项目乐趣的关注点不同

即便体育项目具有互换性和可替代性，但是不同体育项目的乐趣点却并不一致，如篮球的乐趣就是在于其对抗性，运动员通过娴熟的技术与其他队员之间精湛的战术配合来获取得分；而排球运动的乐趣则是需要双方队员在各自的位置上巧妙配合，将球击到对方场地而得分。因此，在进行体育教材内容的编排时，还需要充分考虑到不同体育项目的乐趣点

① 杨榕斌.体育强国视域下高校体育教学创新发展研究［M］.北京：中国原子能出版社，2022.

能否更适于现阶段学生的身心发展,像篮球、排球这类运动就更适合于高校大学生。

(二)体育教学内容选择的原则

体育教学内容选择的原则是指教学内容选择应具备一定的科学性和合理性。

1.科学性原则

(1)必须有益于学生身心素质的协调发展,因为一些利于学生增强身体素质的体育项目并不一定利于学生的心理健康发展,因此在进行教学内容选择时必须注意两者之间的协调性。

(2)既要使学生能够对体育锻炼原理形成基本认知,又要帮助学生从根本上熟练掌握体育锻炼的技能技巧,提升学生学习训练的自觉性和积极性。

(3)保证教材本身的科学性。在未来,我国不会限制体育教学内的具体编排,但是应当避免选择一些科学性不够强的体育项目作为教学内容。

2.趣味性原则

兴趣是人们活动强有效的动机之一,所以在进行体育教学内容选择时,应该尽量选择让学生感兴趣的体育项目,或是当下社会中较为流行的具有广泛性的体育素材。受传统体育教育影响,当前各种体育运动项目的健身价值和教育价值被忽略,因此运动教学相对缺乏趣味性,导致很多学生对体育都持有一种抵触心理。为了改善学生学习态度,就必须努力增强学生体育教学的趣味性,使课堂教学对学生起到吸引、引导作用。

3.教育性原则

教育性原则是所有教学活动的根本,在选择体育教学素材时也需要以教育性原则为出发点,分析教学内容是否符合学生身心发展、是否与社会价值观同步、是否与教育大纲一致。

4.实效性原则

实效性原则是指体育教学内容符合学生的身心发展,符合社会发展的实际情况,能够收获相应的教学成效。国家在关于教学内容改革时就曾明确强调,要将教学内容"难、繁、偏、旧"知识点进行修改调整为以激发学生兴趣培养学生"终身体育"意识为出发点将学生的学习生活状况与社会发展相联系。在选择体育教学内容素材时,应当力求其具备较高的实效性。

5.民族性与世界性相结合的原则

民族性是指我国部分传统体育运动项目具有的独特的民族色彩,以此作为体育教学内容素材的一部分,有助于培养学生的民族意识和民族自信。在保留这部分民族性时还要做到与国外的体育教学内容相结合,与时俱进,不盲目自信,也不崇洋媚外。

(三)体育教学内容选择的过程

体育教学内容在选择的过程中除了遵循一定的科学性外,还要遵循一定的客观程序,具体来说主要表现在以下几个方面:

1.对体育素材的价值进行分析评估

在选择体育教学内容前,教师应当关注社会上的各种信息数据,并从实际情况出发,考虑社会发展对学生的影响和要求,以此作为对教育素材的评估和分析。同时还要对教学内容是否能够提高学生身心发展、是否能够培养学生积极主动的体育意识、是否能够提高学生的思想品质和价值观进行分析论证,从而选择合适的素材作为教材内容。

2.对运动项目与练习进行充分的整合

不同的体育运动项目能够对学生的身心发展起到不同的作用和影响,教学内容应当与本校的体育教学目标保持一致,应当通过认真分析,有效整合加工各个体育运动项目的特点及其训练要求、训练负荷等,使其与学生身心发展相契合。

3.选择的体育运动项目要有效

为了保证体育教学内容所选的运动项目的有效性,在素材选择上就要确保其项目不仅具有一定的经典性和广泛性,对学生来说还要具有一定的趣味性和可操作性。

4.对所选内容进行可行性分析

在确定教学内容后,要对其进行分析、论证、评估,以确保该内容的可行性。在分析过程中还要考虑一些外界环境因素和物质基础条件的干扰,为体育教学内容的实施做出可调整性的空间。

第二节　体育教材化

一、体育教材化的概念

体育教材化是指对体育教学目的、学生身心发展需求、教学物质条件等进行科学整理和加工,从而形成体育教学内容的过程。[①] 体育教材化,可概括为以下几点:

(1)体育教材化是将体育的素材加工成体育教学内容的过程。

(2)体育素材加工的成果就是体育教学内容。

(3)在体育素材加工时,体育教学目标和学生身心发展需求为首要依据,以教学物质条件为辅。

(4)教材化的内容主要包括素材的选择、加工、编排、媒介化等方面。

二、体育教材化的意义

体育教材化有着非常重要的意义和作用,具体来说,主要体现在以下几个方面:

(1)体育教材化提炼体育教学目标和学生身心发展需求中最核心的内容,并将其与相应的物质条件结合,从而形成科学的教学内容,使教学内容具有一定的广泛性、适用性和目的性。

(2)通过对体育教学素材的有效加工,可以使最后得出的体育教学内容、教学目标与学生身心发展需求更加吻合,有效消除了体育素材和体育

———————

① 邱君芳.体育教学优化与学生综合素养提升研究[M].北京:中国原子能出版社,2019.

教学内容之间的互异性。

(3)可以通过体育教材化的编排、整合来改善体育教学内容繁杂的状况,使体育教学内容更加系统化、完整化、合理化,最大程度发挥体育教学内容的效用。

(4)体育教材化可以通过后期的编辑、加工工作,使其更加符合现实教学情境,成为更生动的体育教学载体。

三、体育教材化的工作内容

体育教材化的工作内容主要包括体育教学内容的选择、编辑、加工以及媒介化。

(一)体育教学内容的改造与加工

体育教学内容经过严格的筛选与编辑后,还需要进行进一步的加工和改造,以验证其科学性和合理性,使体育教学实践有序进行。

体育教材化的方法在教学实践中已经获得了不错成果,不同的教材化方法有着不同的优势。

1.简化的教材化方法

简化的教材化方法是指对体育运动过程中高难度的技术技巧、复杂的竞赛规则、繁杂的体育器材设施等进行一定程度的简化,增强学生对教材内容的适应性。这种教学方法让学生更易于接受,也与体育教学目标和体育教师的能力等各个方面也更加匹配,操作时对于学生和教师来说更简单易行,是教学内容教材化的一种常用方法。

2.文化化的教材化方法

文化化的教材化方法是指提炼体育运动中的各种文化要素,并将其具体展现在教材内容中,让学生充分了解体育运动的文化内涵,而不仅仅停留在对体育运动技术结构的认知层面上。文化化教材法通常是体育教学活动的辅助性内容,不适于理解能力相对较低的低年级学生,更适于高中和大学生,高校体育中适当纳入文化化的教材有利于学生理解体育文化的性质,从深层次了解体育本身,从根本上培养体育运动兴趣。

3.理性化的教材化方法

理性化的教材化方法具有一定的深度和广度,即对各种体育项目所蕴含的运动原理和知识进行采集整理,并将所采集到的有效信息纳入体育教学活动中,这种教材化方法适应于高校大学生群体,学生只要做到真正理解和掌握知识,就能够在实际学习过程中做到触类旁通。

4.变形化的教材化方法

变形化的教材化方法是指改造原有的体育教学内容或体育运动动作,从而形成一种新的体育知识点或动作技巧。这种教材化方法是为了适应教学需要以及当代学生的个体差异化,如"新体育运动项目"就是体育运动的一定程度的变形。当教学环境有限或某一动作技术具有一定的难度时,运用变形化教材方法有利于增强学生的适应性,取得理想的教学效果。

5.生活化、实用化的教材化方法

生活化,是指体育教材的内容与实际生活相关,便于学生在学习掌握之后应用于现实生活;实用化则是指将体育教学内容与实用技能相结合,如与野外化运动和冒险化运动相结合,这种方法更能激发学生的学习兴趣与动力,能够有效调节学生的积极性,提升学习效果。

6.动作教育化的教材化方法

动作教育化教材化方法是指提炼体育运动中的理论依据,再通过归纳和总结,对青少年的体育活动或身心发展提出有针对性的教材内容,如较为典型的教育性舞蹈、教育性体操等。这种方法通常适用于低年级的学生,能够帮助他们形成最基础的活动能力,而高校体育教学的基础动作教学可以适当采用此方法。

7.游戏化的教材化方法

游戏化教材化方法顾名思义就是将各种体育教学内容用"情境"的环节设计的方式展示出来,改变传统教学内容单调、枯燥的特点,让学生能够在轻松愉悦的氛围中边玩边学,增强学习效果。

8.运动化方式教材化方法

运动化方式教材化方法是指以运动原理为依据,为满足学生不同的身心发展需求,对运动的强度、重复次数、速率等因素进行有效的组合和排列从而形成教材的方法,这种方法能够大大提高学生的身体锻炼欲望。

(二)体育教学内容媒介化工作

体育教学内容媒介化是体育教学化的最后一个环节,这是一个以媒介为载体,将教学内容转换为教材形式的过程。

体育教学内容媒介化形式丰富多样,例如,教材、图片、多媒体课件、黑板板书、学习卡片等形式。

1.多媒体课件

教师将体育教学内容以多媒体课件形式进行授课,是新技术与教学相结合的一种表现,它是现代教学所常用的一种方式,能够有效吸引学生的注意力,从听觉、视觉等方面达到有效的学习效果。

2.体育学习卡片

体育学习卡片是体育教材中的一种辅助性学习材料,是以卡片为载体的一种教学形式。体育学习卡主要起到如下作用。

(1)在体育教学中向学生提供学习信息。将教学内容转变为卡片形式,有利于将其作为一种信息补充资料传达给学生,帮助学生抓住要点、准确掌握概念、快速习得技巧。

(2)在体育教学中对学生思索问题起到积极的促进作用。对于书本中没有明确体现的一些公式、合力、力矩、向心力、离心力、抛物线等概念性的知识点,通过卡片范例的形式展现给学生,能够有效引发学生注意力,让学生更易掌握其中关键要点。

(3)在体育教学中对学生的互相交流有所帮助。学习卡片除了能帮助教师开展教学工作外,同样还能帮助学生解决学习中的各种疑难问题。学生可以将自身在学习中所遇到的难题和困惑以卡片的形式记录下来,与同学或教师开展讨论和沟通,共同解决问题。这不仅利于提高学生发现问题、总结问题的能力,还有助于同学之间、师生之间的沟通和交流,有效培养和提高学生的团队意识与集体荣誉感。

(4)对学生自我评价有所帮助。卡片有利于帮助学生正确认识自我。在体育学习完成后,学生可以将自己本堂课的学习心得和感受写在卡片上,对自己本堂课的表现做出总结和归纳,并对此做出较为客观的评价,在下一堂课开始时与之有效结合,增强学习的完整性。

(5)有助于师生进行交流说明。卡片形式有利于师生之间的沟通,当学生在课堂发现一些疑问或问题时,或对教师有一些建设性意见时,都可以将其写在卡片上,便于老师对此形成一个整体的了解,从而做出针对性的改善,有效提高教学效果,同时,还促进了学生与教师之间的情感。

(6)对学生在课中进行自学有所助益。相比于其他学科,体育学习自学的机会要多得多,所以卡片作为一种重要的方法,就成为自学过程中有利的学习工具,能够有效弥补教科书中的不足之处。

第三节 高校体育教学内容的发展与改革

一、高校体育教学内容的发展

(一)高校体育教学内容的发展现状

从我国现阶段的发展形势来看,我国高校体育教学内容的发展状况体现在以下几个方面:

(1)从全国来看,高校体育教学内容的数量正在不断被精简,而难度也在日益增加,这主要表现在各种体育运动项目的动作结构愈加复杂,不仅对学生的学习能力提出了更高的要求,对教师的教学素质也相应地提高了要求。

(2)体育教学内容仍然注重动作技术和技巧的完成度,即重视"练",而不少运动项目的趣味性被忽视,无法充分发挥运动项目的优势。

(3)我国体育教学虽然起步较晚,但是发展速度较快。我国竞技体育在国际体坛中占据了越来越重要的位置,这使得我国各个高校在进行体育教学时,纷纷以竞技体育取代传统体育教学内容,转为符合当下社会发展的新型体育教学内容,使体育教学更加规范化、科学化。

(4)随着国家对体育教学的重视,在体育教学中所需要到的各种运动器材也更加正规。

(二)高校体育教学内容的发展趋势

高校体育教学内容的发展趋势可以大致归纳为以下几个方面。

1.充分考量终身体育目标的要求

高校是教师教导学生形成终身体育的重要场所,也是学生具有终身体育概念的关键时期。终身体育目标的形成取决于学生的学习态度、掌握体育知识的程度等,所以在体育教学中,教师应当更加注重体育的文化性和娱乐性传递,将其贯穿体育教学的始终。

2.学生价值主体受到的重视程度越来越高

传统的体育教学都是一切以教师为主体,主要通过教师不断地"灌输"知识来完成体育教学。在选择体育教学内容时,也多以教师对教学内容的价值取向为主来选择,学生在所有环节中都是处于一种被动地位。随着文化的不断提升以及教育的不断改革,国家和教育工作者开始意识到学生作为知识接受者才是课堂教学的主体,所以在进行体育教学内容选择时,学生的价值取向被逐渐重视。

3.更加注重教学主体发展的全面性

当前体育教学注重学生的全面性和综合性发展,其中尤其强调学生的素质教育。在选择体育教学内容时,学校具有重要的责任,其选择内容不仅要符合国家素质教育的要求,还要与当代学生不同的身心结构相结合,这样才能真正实现学生的全面发展。

4.不断引进民族特色项目

在各种现代体育运动项目不断被重视和发展时,我国一些具有独特色彩的民族传统体育项目需要适当地引入到高校的体育教学中来。我国的民族传统体育运动项目不仅具有健身价值,其独特的运动形式也更能彰显其趣味性,更易受到学生群体的青睐,同时,也更能促进学生对我国体育发展史的了解,增强学生的民族认同感。

二、高校体育教学内容的改革

高校体育教学内容的改革并非一帆风顺,也并非完美,随着文化的发展,人们开始对传统的体育教学进行探索思考,力求得出一些新的思路,其中就有几个显著的问题值得重视。

(一)高校体育教学内容改革中存在的问题

1.体育教学内容繁多且较杂乱

我国体育运动项目多种多样,在进行教学内容选择时,为了能够让学生得到充分的发展,会将各种运动项目引入教材内容中,从整体上看,其内容虽多,但也显得尤为杂乱,虽面面俱到,但没有突出重点。不仅教师无法真正将所有运动项目的重点教授完成,即便学生在学完后,通常也只学到一些表象知识,没有得到深刻的理解和认识,也没有熟练地掌握其技术技能。

2.体育文化知识含量少,缺少以健康为主题的教学内容

人们对体育的认知普遍只停留在对运动动作和技能结构的表面上,对内在的诸多文化含义却没有深刻领会。如体育人文精神、体育文化欣赏、体育道德风尚、奥运知识等并未在体育教学内容中体现,极大地限制了学生对体育文化的认知。

3.体育教学内容过于陈旧和单一

体育教学内容的陈旧和单一主要体现在,体育运动动机的技术结构还是承袭着传统教学内容体系,没有与一些前沿性和现代性的内容相结合,以致课程单调乏味,让学生感到枯燥。

纵观社会上陆续出现的各种体育项目,其本身都颇具有健身性和娱乐性,但是由于受传统体育教学思想的影响,教学工作者并没有将这些现代体育运动项目与体育教学相结合,其改革性和开放性始终无法体现。

(二)高校体育教学内容改革的思路

1.遵循以人为本的思想,满足体育教学主体的需求

遵循以人为本的思想就是充分保证学生的主体地位,为满足学生对

体育教学的需求,有针对性地选择体育教学内容素材。由于我国体育教学制度的不断改革以及社会的不断进步,学生对于体育教学的需求与以往大不相同,过去的体育学习中,学生的认知程度仅仅停留在增强身体素质,而新生事物的不断涌现,促使学生更加注重体育运动的趣味性。因此,在选择体育教学内容时,可以适当地增加一些新兴的运动项目,如健美、舞蹈、韵律体操、滑轮、自行车等,这不仅丰富了教学内容,还能够调动学生的积极性。

2.要对隐性体育教学内容引起重视

隐性体育教学是指与体育相关的道德修养、体育精神、思想作风、人文素质等无形的内容,这些虽然没有形成实质性内容,但是也是体育教学内容中不可或缺的一部分,其可以有效培养学生的学习态度、纪律观念、集体荣誉感、社会道德水平、意识品质。

3.增加健康教育的内容

在体育教学内容中增加健康教育内容不单单是指身体健康方面,还包括心理健康、意志品质健康、行为习惯健康等方面。以学生的身心发展以及掌握知识程度为依据,进行有针对性的教学内容安排,充分发挥体育运动项目的多功能作用,有效激发学生学习兴趣,提高学生的参与度。

第四章

核心素养视域下
高校体育教学方法改革研究

第一节　体育教学方法理论

一、体育教学方法的概念

关于体育教学方法概念的研究是非常多的,不同的专家与学者有着不同的见解。总体而言,体育教学方法的概念可以归纳为,在体育教学活动中师生为实现教学目标、完成教学任务而采用的所有手段和方式的总和。

二、体育教学方法的分类

依据不同的标准,体育教学方法有不同的分类,常用的分类方法有以下两种:

（一）依据外部形态分类

依据体育教学方法外部形态的不同,可以将体育教学方法分为表4—1中的几种类型,这几种方法在高校体育教学中都得到了充分的运用。

表4－1　体育教学方法的分类

教学方法分类	具体方法
以语言传递信息为主	讲解法、问答法、讨论法等
以直接感知为主	示范法、演示法、保护与帮助法等
以身体练习为主	完整法、分解法、循环法等
以探究性活动为主	发现法、问题探究法、小群体学习法等
以比赛活动为主	情境法、比赛法、游戏法等

(二)依据体育学科的特性分类

依据体育学科的特性,可以将体育教学方法分为"教法"和"学练法"两大类。其中学练法主要包括学法和练法,练习方法非常重要,因为体育教学具有极强的操作性,在实践活动中这一练习方法是必然存在的。

改革体育教学方法的一个重要目的就是促进体育教学目标的实现。在高校体育教学中,"知识与技能"是体育教学目标的主线,基于这一主线而延伸出很多具体的教学目标,一般可以在体育技能学习中穿插一些体育知识,从而一起实现技能目标与知识目标。

依据体育教学指导思想,可以将体育教学方法分为以下两种类型:

1.原理性体育教学方法

原理性的体育教学方法属于综合性的教法,如问题学习法、程序教学法等都属于这一类,这一类都具有突出的方法原理指导性特点。

原理性体育教学方法是在新的教学思想的指导下形成的,也是以新的教学理念为指导而解决体育教学实际问题的,是教学思想与教学观念在体育教学实践中直接转化的结果。

2.操作性体育教学方法

操作性体育教学方法是指体育课堂上运用的具体教法,如口头讲解法、教具演示法、各种练习法等。这一教学方法是体育实践教学必不可少的。

在高校体育教学中,操作性体育教学方法几乎适用于任何体育教学内容,教师在体育课堂教学中选用这些具体的操作性教学方法时,要充分考虑体育课堂教学情境,合理地选用。

在具体的体育教学过程中使用最多的教学方法就是操作性教学方法,因此在有关体育教学方法类型划分的研究中,专门在这类教学方法的基础上进行分类的研究占据着很大的比例。

在教育改革与发展的背景下,为了提高教学方法在课堂上的运用效果,还需要今后进一步细分教学方法,如以教学目标为依据,将上述第一类教学方法具体划分为知识型和能力型教法。不论是哪种教学方法的利用,其目的都是更好地实现既定的教学目标,取得理想的教学效果。因此,加强体育教学方法的改革与完善非常重要。

三、体育教学方法的特点

伴随着现代社会的不断发展,体育教育水平也日益提高,这离不开体育教学方法的丰富和完善,选择合适的教学方法对于体育教学的发展具有重要的意义。一般来说,体育教学方法主要呈现以下几个特点:

(一)以身体练习为主要手段

体育教学有着独特的特点,它以学生的身体练习为主要手段,体育教学方法也具有这样的特点。身体练习可以说是体育教学所特有的教学手段与形式,与其他学科教学有着很大的不同。体育教学过程可以说是一种运动性认知过程,学生在学习的过程中,通过各种各样的身体练习掌握体育知识和运动技能,同时还能培养正确的价值观和良好的学习态度,其他教学方法难以实现这样的目标。

(二)多种感觉器官同时参加工作

在具体的体育教学活动中,师生需要通过各种视觉系统、听觉系统等接收信息,然后在中枢神经系统的指挥下,运用动觉、位觉、触觉等来感知自己身体的动作,如感知用力大小、用力幅度等,这样才能更好地控制动作,从而做出正确的技术动作。由此可见,体育教学方法需要人的多种感官来参与,只有各种感觉器官共同参与才能实现体育教学的目标。

(三)练习效果的综合性

学生在参加体育教学活动的过程中,不仅涉及肢体活动,而且也包含着丰富的思维、情感和意志等活动,是学生综合能力与具体行为的深刻体现。学生在利用各种教学方法进行学习的过程中,不仅会表现出寻求技能学习和提高的行为,同时还会在学习的过程中交流情感,还能有效提升自己的心理品质和审美能力等。由此可见,多样化的体育教学方法的结合能促进体育教学质量的提高,有利于实现良好的教学效果。

(四)具有一定的运动负荷要求

现阶段,体育教学内容体系越来越完善,与之相应的是体育教学方法也越来越多样化,如今,大量的信息化教学手段被利用到体育教学之中,取得了不错的成果。

在具体的教学内容中,所有的运动项目都有一定的运动负荷要求,只有对学生机体施加必要的运动负荷,学生的体质水平和运动水平才能得到提高。在具体的教学活动中,学生要充分利用运动系统、神经系统、呼吸系统、心血管系统等参与技术动作的学习。在这一过程中,生理负荷和心理负荷是必不可少的。在具体的教学过程中,体育教师会施加给学生机体必要的运动刺激,运动刺激的大小会直接影响学生学习的效果。如果刺激得当,学生的综合运动水平就能得到有效的提升。总之,在选择体育教学方法时,一定要考虑这一教学方法所对应的运动负荷要求。

四、体育教学方法的意义

(一)保证体育教学任务顺利完成

在体育教学中,体育教师所选择的教学方法应保证与学生能够很好地互动与交流,保证教学活动的顺利开展。切实可行的体育教学方法对体育教学活动中的主体有积极作用,该方法对达成体育教学目标有积极作用。缺乏科学性的体育教学方法,是很难完成体育教学任务或目标的。由此可见,体育教学方法的选择对于体育教学任务的顺利完成有着重要的意义。

(二)营造良好的教学氛围

大量的实践表明,良好的体育教学方法不仅可以有效调动学生参与各类体育活动的积极性,还可以让学生的体育动机维持一定时间,也有助于营造积极向上的教学氛围。良好教学氛围可以对一部分不喜欢体育的学生形成一定的吸引力,促使这些学生从被动学习转变成主动学习,及时跟上其他学生学习的步伐,由此形成班级体育文化和良好氛围。

在高校体育教学中,通过利用合理的体育教学方法,师生之间能够形成良好的互动关系,能调动学生跟着老师学习的主动性,教师也会积极地将自身技能全部传授给学生,从而营造一个良好的教学环境,在这一环境之下,体育教学质量得以提升。

(三)推动学生全面发展

一种科学合理的体育教学方法,对于学生的身心发展是极为有利的;相反,如果体育教学方法不合适,就会对学生的身心发展产生一定的阻碍。一般来说,体育教学中使用的方法也是对学生体验和尝试有关技术动作的过程。由此可见,体育教师并非只需要向学生灌输体育方法原理,更关键的是要带动学生成为各项实践活动的参与者,为学生均衡发展提供保障。体育拥有别具特色的价值,科学合理的体育教学方法不仅能对学生的个性发展产生积极作用,还能促进学生精神意志品质等各方面的发展。

(四)有效提升体育教学质量

大量的教学实践表明,有效的体育教学方法不但可以将已有的主观条件和客观条件的作用发挥得淋漓尽致,还能指导学生参加体育教学活动,提升学生学习的效率。例如,对于内容相对枯燥的长跑教学内容而言,如果采取固定的模式可能无法调动学生的积极性,而采取竞赛方式、选择富有趣味性的教学方法,则能取得理想的教学效果。

第二节 常用的体育教学方法

一、传统体育教学方法

(一)语言法

1.讲解法

讲解法就是指体育教师通过运用合理的语言向学生讲解基本的技术动作要领、方法和规则,指导学生积极学习和掌握技术动作的一种方法。[①] 这一教学方法在高校体育教学中应用得非常广泛,在这一教学方法体系中,常见于体育理论与技术实践中的各种技术要领的讲解。

在高校体育教学中,讲解法的运用需要注意以下几个方面的要求:

第一,明确讲解的主要目的。

第二,保证讲解的内容要正确无误。

第三,讲解的过程要保证生动形象、简明扼要。

第四,要准确把握讲解的时机。

第五,讲解过程中注意观察学生的各种表现。

2.口令与指示

口令与指示法也在体育教学中应用得非常广泛。这一种教学方法是体育教师借助多种口令和指示进行,如"立正""跑""转体"等。这一种教学法可以应用于各类运动项目的技术动作教学之中。

运用口令和指示法需要注意以下两方面的要求:

---

① 孙锡杰. 多维视角下的高校篮球教学体系研究[M]. 广州:广东人民出版社,2022.

一方面,体育教师要准确把握指示的时机和节奏,保证教学活动的顺利进行。

另一方面,体育教师的发音要洪亮有力,同时还要注意语气的轻重。

(二)直观法

在高校体育教学中,直观法也较为常用,各种技术动作的示范都离不开这一教学方法。

常见的直观教学法主要包括以下两种:

1.动作示范法

通过动作示范法的应用,能够使学生了解技术动作的形象、结构和要领。体育教师在运用这一教学法时需要注意以下几点:

第一,明确示范的目的和任务。

第二,示范的动作要准确无误,便于学生掌握正确的技术动作。

第三,要注意示范的角度,示范的难度要适中。

2.直观教具与模型演示法

直观教具与模型演示法是体育教学中必不可少的一种教学方法。对于教学中那些难度较大的动作,可以采用这一教学方法。这一教学方法通常用到的工具主要有图表、照片和模型等。在足球、篮球等课程教学中,这一教学方法比较常用。

(三)完整法

完整教学法,就是从动作的整体上出发进行教学和练习的一种教学方法。

体育教师在采用完整法进行教学时,需要注意以下几点:

第一,事先分析整个动作要素,从整体上把握技术动作的完整和流畅性。

第二,对于技术难度较大的技术动作,应适当降低其难度。

第三,适当改变外部环境条件,帮助学生顺利地完成整个技术动作。

(四)分解法

分解法与完整法是相对的,这一教学方法是指将完整的动作划分为几个部分,逐步使学生掌握完整的动作技术。

应用分解法,体育教师需要注意以下几个方面的要求:

第一,深入细致地分析各类技术动作的特点。

第二,注重时间、空间等方面的有序性和统一性。

第三,关注各个环节之间的联系。

第四,注重各个环节之间的动作的衔接。

第五,将分解法和完整法结合起来使用,以取得理想的教学效果。

(五)程序教学法

程序教学法常用于各类运动项目的技术动作教学中,往往能取得不错的教学效果。在具体的体育教学过程中,体育教师首先要求学生按照预先设计好的步骤来学习,教师及时对其进行评价,并反馈学习结果,然后根据学生的学习结果决定下一步该怎么做。如果学生这一步的学习达到了标准,则可进入下一步学习;否则就要重新学习这一步。这一种教学方法如果利用得当,能取得很好的教学效果。作为体育教师要努力提升自身的教学水平,提高运用教学方法的能力。

(六)游戏法

游戏法,就是通过做游戏的方式来完成相应的教学任务的方法。这一教学方法具有较强的趣味性和娱乐性,因此深受学生的欢迎和喜爱。在如今的高校体育教学中,这一教学方法得到了非常广泛的利用。

在具体的教学过程中,运用这一教学法时需要注意以下几点:

第一,确定游戏规则和游戏要求。

第二,学生必须遵守游戏规则。

第三,教师进行公正、客观的评判。

(七)竞赛法

竞赛法是通过组织学生进行比赛的一种教学方法,通过这一方法的利用,学生的实战水平能得到有效的提升。

在应用竞赛法进行教学时,需要注意以下几点:

第一,合理组织比赛,分队比赛时,要合理分组,双方实力要均衡。

第二,学生在比赛中能够熟练运用自己所掌握的技术。

第三,保证比赛安全,避免发生运动损伤。

二、现代体育教学方法

(一)发现式教学法

在素质教育背景下,为提升体育教学的质量,出现了一些先进的体育教学方法。发现式教学法就是其中一种。发现式教学法是指将教师的主导作用充分发挥出来,不断强化学生的创造性思维,提高学生综合能力的一种方法。这一种教学方法是从青少年学生的好奇、好动等心理特点出发,以发展学生的创造性思维为目标,以解决问题为中心,以机构化的教材为内容,使学生通过再发现进行学习的方法。发现式教学方法可以应用到体育理论与实践教学中,通常能取得不错的教学效果。

(二)探究教学法

探究教学法是指体育教师充分发挥自身的指导作用,积极引导学生去发现问题、分析问题并解决问题,使学生在不断探索、研究的过程中有所收获的教学方法。这一教学方法非常值得大力提倡和推广。

运用探究教学法时,体育教师需要注意以下两个方面:

一方面,体育教师要想方设法地在课堂上给学生提供交流的机会。

另一方面,体育教师指导下的探究工作要讲究实效,避免形式化、绝对化、片面化。

(三)自主学习法

自主学习法,就是指学生能够在充分考虑到自身条件和实际需求的基础上,在教师的引导下,去自主选择相应的教学内容,并通过独立操作来进行学习的方法。这一教学方法符合"以人为本"的基本教学理念,与素质教育的要求也是相符的。

在体育教学中应用自主学习法,需要做到以下两方面的要求:

一方面,教师要对学生进行积极的指导,及时纠正其所犯的技术动作错误。

另一方面,教师要对学生的自学进行必要的监督,培养学生自觉参与体育运动锻炼的意识和习惯。

(四)群体激励教学法

群体激励教学法,就是通过集体思维共同相互激励的形式,引发众多反应,产生多种解决问题的设想的一种教学方法。这一种教学方法是依据学生的个性特点而开发的,能有效激发学生学习的积极性。

群体激励法的具体教学流程为:

第一,体育教师提出需要探讨的问题。

第二,体育教师引导学生开动脑筋,通过实践去探究,寻找正确的答案。

这一教学方法能有效提升学生的创新意识和创造力,对于促进学生技术动作水平的提高具有重要的意义。

(五)移植教学法

体育教学中使用的方法有些是专门针对体育学科设计的专项教学方法,有的是从其他教学领域或其他学科中借鉴而来,然后根据体育学科的特点和体育教学的需要而进行针对性的处理后运用到体育教学实践中的方法,这就是移植教学法。

移植教学法具有一定的普适性特点,在体育教学中也得到了一定程度的利用。实际上,不仅体育教学可以从其他学科或教育领域中借鉴一些先进的方法,在其他学科的教学中也可以借鉴一些体育教学方法,有些方法在很多学科的教学中都是普遍适用的,只是要注意根据各个学科的特点及现实教学条件去进行合理的加工、改造,而不能盲目借鉴,否则教学方法再科学、再先进,也难以发挥出本身的功能,无法实现体育教学的目标,甚至还可能会产生一定的阻碍作用,不利于体育教学活动的顺利进行。

(六)难度增减教学法

难度增减教学法是指通过难度的增加和减少来进行教学的方法,在技术动作教学中这一方法最为常用,通常能取得不错的教学效果。运用这一教学方法时,体育教师需要注意保证技术动作的结构和性质不变,要依据技术动作的难度确定是增加难度还是降低难度。

通常来说,体育教学活动的开展主要遵循先易后难、循序渐进的原则。难度增减法,能够保证教学进度按照难度逐渐递增的顺序顺利开展,同时,学生也能因此而获得学习的自信心,从而提高学习的兴趣,促进学习效率的提高。

(七)逆向思维教学法

逆向思维教学法是指从逆向思维出发,将问题从反方向引出来的一种教学方法。在素质教育改革与发展的背景下,这一种教学方法得到了非常普遍的利用。通过这一教学方法,学生的创造力和创新能力得到了大幅的提升。

在平时的教学中,我们通常习惯于用正向思维去认识和思考问题,但是惯性思维并不能很好地解决所有的问题,有时利用逆向思维去解决问题反而会取得更好的效果。这一种教学方法非常符合现代教育的要求。

(八)情境教学法

情境教学法,就是在学习动作前,先用语言或场景把学生带入一定的情境,让学生设身处地强化练习的一种方法。这一教学方法也符合现代教育的要求,可以被大量地应用于体育教学之中。

在运用情境教学法进行教学时,可以采用以下手段:

第一,以实物演示情境。

第二,以录像、画片再现情境。

第三,以音乐、语言渲染情境。

第四,以展示、表演、示范体会情境等。

体育教师要想方设法地营造符合具体实际的现实情境,在逼真的现实情境下,启发、引导与激励学生身临其境地去学习和掌握体育运动技能。这一教学方法能有效提高学生学习的积极性,促进教学质量的提高。

(九)分层教学法

分层教学法就是指在体育教学中,依据学生的特点与实际水平进行合理的分层,根据不同层次学生的特点组建合作小组,然后设计不同层次的教学目标,分别安排相应的教学内容和教学方法,以保证体育教学活动的顺利、有序进行。分层教学法也符合现代体育教育的要求,值得大力提倡和推广。

(十)即兴展现教学方法

即兴展现教学法在教育改革与发展的今天也得到了一定程度的运用,这一教学方法强调师生间的互动,同时强调学生自我能力的展现,非常注重学生的主体地位,重视学生全面素质的培养。由此可见,这一教学方法非常符合现代体育教育的理念,值得提倡和推广。

即兴展现教学法中创设良好的教学环境非常重要,体育教师需要创设一个和谐的课堂氛围,在这样的情境中才能很好地培养学生的创新能力,促进学生综合素质的发展和提高。

在具体的体育教学实践中,即兴教学法的具体操作程序如图 4-1 所示。

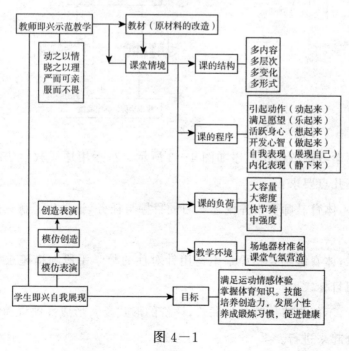

图 4-1

(十一)掌握学习教学法

掌握学习教学法是指体育教师依据教学大纲对学生分层次实施教学内容,然后定期进行阶段性评价的方法。

掌握学习教学法主要以班级授课为主,教学结构如图4-2所示。需要注意的是,体育教师在具体的教学中,要充分调查与了解所有学生的个性特征及个性化需求,在此前提下才能更好地组织与开展教学活动。

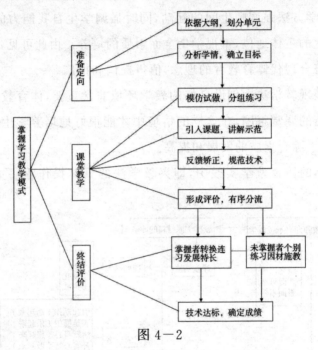

图4-2

掌握学习法的操作程序如图4-3所示。在运用这一教学法时需要注意以下几点要求:

第一,体育教师要事先阐述学习的目标与任务,让学生了解具体的教学情况。

第二,体育教师要指导学生运用针对性的教学手段与措施去实现既定的学习目标。

第三,不能忽略体育教学评价,评价的形式要将形成性评价和终结性评价结合起来进行。

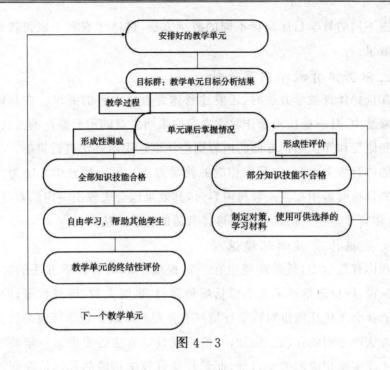

图 4－3

第三节　体育教学方法的选择与应用

在教育改革与发展的背景下,体育教学方法的选择非常重要,同时还要学会如何应用先进的教学手段与方法,这样才能保证取得理想的教学效果。

一、体育教学方法的选择

(一)选择体育教学方法的依据

1.依据体育教学目标选择

体育教学目标具有多层次性的特点,如身体发展目标、技能发展目标、知识发展目标等都是体育教学目标的几个重要层次。

为了实现不同的教学目标,应采用不同的教学方法。

体育教学目标可以说是多种目标的综合,在具体的教学中,每一单元、每一堂课目标的侧重点是不同的。在具体的教学过程中,体育教师需要依据不同的教学目标选择不同的教学方法,这样才有利于取得理想的教学效果。

2.依据体育教学内容选择

在选择体育教学方法时,还要注意体育教学内容的要求。在具体的体育教学中,对一些技术动作教学内容应采用主观的示范操作的方法,而对一些原理和知识结构方面的内容则应注重运用语言法进行讲解。不同性质的体育教学内容,应采取相应的教学方法。每一种教学方法为实现一定的目标而运用在某一教材内容时,其效果也会表现出一定的差异性。因此,体育教师要依据教学内容选择合适的教学方法。

3.依据体育教学环境选择

在体育教学中,教学环境也在一定程度上影响着教学方法的选择。一般来说,体育教学环境主要包括场地器材、班级人数、课时数等,同时,外界的社会文化环境也对教学环境具有重要的影响。教学环境必然会对教学方法产生制约作用。例如,一些直观教学方法需要借助一定的教学器材才能实现相应的教学目标,而学校体育教学资源的具体情况则影响着教学方法的选择。

在具体的体育教学中,体育教师应做好充分的调查,最大限度地利用现有的场地、器材条件选择合适的教学方法。

4.依据学生的实际情况选择

体育教师要学会运用多种教学方法组织教学,其目的是促进学生更好地学习。体育教师在选择相应的体育教学方法时,应与学生特点及其实际情况相符合。

5.依据教师的自身素质选择

在体育教学中,体育教师发挥着非常重要的作用。体育教师的综合素质在很大程度上决定着体育教学的效果。体育教师如果能力和素质有限,将不能发挥相应的教学方法的作用,从而对教学活动产生消极的影响。因此,体育教师要不断提升自身的素质以应对现代教育的要求。只有体育教师的自身素质提高了,才具有选择与利用多种教学方法的可能。

一般来说,体育教师所熟练掌握的教学方法越多,其越能够根据自身以及学生的实际情况选择出最佳的教学方法。不同教师根据学生实际状况采取同样的教学方法,也会得到不同的教学效果,可见教师自身条件极大地影响着体育教学活动。因此,体育教师要努力提升自身的综合素质,这样才能更好地利用多种教学方法,有利于取得理想的教学效果。

(二)选择体育教学方法的要求

1.一般性要求

在体育教学中,体育教师在选择教学方法时,需要注意以下几个一般性的要求:

第一,体育教学方法必须符合体育教学的基本规律与原则。

第二,体育教学方法必须符合体育教学目标。

第三,体育教学方法必须符合体育教学内容。

第四,体育教学方法必须符合学生学习条件。

第五,体育教学方法必须符合教师实际条件。

第六,体育教学方法必须符合学校的具体教学条件。

2.具体要求

(1)体育教师要全面了解教学方法及应用

体育教师要充分了解与掌握体育教学方法,这样才能更好地做出选择。教师在了解体育教学方法时,不仅要了解动作技能形成的方法,还需了解传授体育知识的方法,另外也需要了解发展学生个性、开展思想品德教育以及锻炼身体的方法等。教师只有全面了解与掌握多种体育教学方法,才能选择出合适的教学方法。

(2)体育教师要遵循多中选优的基本原则

体育教师要充分了解不同体育教学方法的优缺点,这样才能结合体育教学的实际状况,在众多体育教学方法中选择出最能发挥其独特性能的教学方法。为了真正达到从中选优的要求,所有体育教师均需要建立一个具有个性化特征的教学方法"仓库",以体育教学方法的具体性能为主要依据,将其编成系列(如将其编成卡片),将性能相同或者相近的体育教学编成一类,在利用时可以很好地选择。

(3)体育教师要学会比较,从中选优

不同的体育教学方法都有自身的优缺点,同时也有不同的教学效果,体育教师要对其进行多方面的比较,从中择优。教师可以对每一小类或者每一类体育教学方法对学生理论知识的掌握情况、运动技能、身体素质水平、自身个性的发展情况、思想品德和行为习惯的培养情况进行认真分析与比较,充分考虑特定体育教学方法的适用范围和适用条件,具体教学方法解决哪些教学任务最为适宜,结合哪些教学内容最为适当,与哪些类型的学生最为符合,从而从中选择出最合适的教学方法,这对体育教师的能力提出了较高的要求。

(三)选择体育教学方法的注意事项

1.注意师生之间的协调配合

在体育教学过程中,少不了师生间的互动,只有师生间默契配合才能取得理想的教学效果。体育教学活动不存在没有"教"的"学",也不存在没有"学"的"教"。因此,不管是何种教学方法,都应考虑"如何教"和"如何学"。

受传统教育的影响,教师在教学中起着绝对的主导作用,教学方法也只是注重教师"如何教"的问题,而对于学生在教学过程中的作用则选择性地忽略了。例如,教师在动作示范时,只考虑动作的优美和协调性,而没有考虑学生的感受,从而使得学生的学习效果不佳,影响教学活动的开展。因此,体育教学方法的应用应考虑师生双方的合理配合,如此才能提高体育教学的质量。

2.注意学生内部与外部活动的配合

学生的学习过程是内部活动和外部活动的综合体现,内部活动是学生的心理活动以及相应的生理生化反应等方面,外部活动则是其动作质量、情绪、注意力等方面。在具体的教学中一定要注意这两方面的配合。要做到这一点,需要注意以下几个方面:

第一,在选择相应的教学方法时,应注重两者之间的配合。

第二,在选择相应的体育教学方法时,应注重两者之间的配合,教师应善于分析学生的内外活动变化,有机结合指导学生外部活动的方法与激发学生内部活动的教学方法,以促进学生主动积极地参与到体育学习中。

第三,在选择体育教学方法时,还应对多种教学方法进行对比分析,从而确定最佳的教学方法。

3.注意不同学习阶段的前后配合

需要注意的是,在体育教学的不同阶段,整个教学活动会表现出不同的特点。因此,体育教学方法的应用应考虑到学生学习知识的不同阶段的前后配合。这样才能保证取得理想的教学效果。

在体育教学中,学生在学习的初始阶段,通常以模仿学习为主,随着学习水平的提升,学生就会形成动作定式而完全摆脱模仿,从"模仿型"过渡到了"创造型"。这两个阶段之间具有一定的联系,又相互区别。因此,在运用教学方法时既要防止二者之间的互相代替,又要防止二者之间的割裂。这一方面要尤为注意。

二、体育教学方法的运用

体育教师在运用各种教学方法的过程中,需要注意以下两个方面的要求:

(一)注意体育教学方法效果的影响因素

在体育教学中,师生间的密切配合非常重要。为取得理想的教学效果,加强体育教师与学生之间的协调配合是尤为重要的。在体育教学实践活动中,教学方法所产生的效果受体育教师的知识储备、人格魅力以及教学技艺等方面的影响。因此,提高教师的素养势在必行。

体育教学是教师与学生之间的双边互动,学生因素对于教学方法运用的效果也具有非常重要的影响。学生能动性的发挥情况对教学方法的运用效果具有重要的影响。

除此之外,体育教学方法的运用还会受到教学环境的影响。例如,在进行篮球运动教学时,如果是在较为干净的室内塑胶场地上,学生在奔跑和起跳时的心理状态与在水泥地面上时是不同的,室内塑胶场地上,当学生起跳落地时,可以做出相应的保护性动作,能够有效避免受伤。因此,构建一个良好的体育教学环境,加强体育教学基础设施建设是非常重要的。

(二)注意体育教学方法有关理论的运用

体育教师在运用教学方法时,还要注意相关理论的运用。体育教学理论源于实践,但又高于实践,它属于科学的总结。因此,体育教学的相关方法既要注重实践方面的问题,又要注重理论方面的探索。这样才能保证体育教学方法的合理性,不至于出现片面性的问题。

在体育教学过程中,体育教学方法方面的理论基础应综合考虑几个方面:

第一,辩证唯物主义与唯物辩证法的基本观点。

第二,系统论原理,深化理解体育教学系统。

第三,教育学、心理学等与体育教学有关的学科理论知识。

第四,普通教学论和体育教学论,这是体育教学方法直接的理论基础。

第五,充分吸收现代社会各学科的先进理论成果并应用于教学方法之中。

总之,在具体的体育教学过程中,体育教师应用新观念、新理论指导体育教学工作,充分发挥不同教学方法的效用,实现理想的教学效果。

第四节 高校体育教学方法的发展与探索

一、高校体育教学方法的发展趋势

现代体育教学经过多年的发展,不仅已发展成为一个较为成熟的学科,同时也发展成为具有自身特色的教法体系,其发展趋势主要体现在以下几方面:

(一)现代化发展趋势

高校体育教学呈现出明显的现代化发展趋势,重要表现之一是教学设备的现代化,通过采用先进的技术手段,使得教师能够更容易开展教学活动,学生能够更好地学习。通过运用先进的现代化设备,教师能够对学生的身体素质进行更加深刻地了解,并能够更好地制定运动训练的负荷量。在教学管理方面,能够为学生的学习和生活提供更加便捷的服务。随着现代社会的发展,体育教学的各项技术逐渐发展,其教学方法也必然呈现出现代化的发展趋势。了解与把握这一趋势对于体育教师选择与利用体育教学方法具有重要的帮助。

(二)个性化与民主化发展趋势

在以往的教育背景下,教师在体育教学中扮演着十分重要的角色,占据着绝对的主导地位,忽视了学生个体之间的差异性,学生的个性化发展受到一定程度的抑制。伴随着现代教育的改革与发展,学校教育越来越注重学生个性的发展,体育教学方法的发展也必然呈现个性化发展趋势。个性化的教学方法改革和创新对于学生和社会的发展均具有重要的意义。与此同时,民主化也是体育教学的大势所趋,这非常符合当今"以人为本"的教学理念。

(三)心理学化发展趋势

在体育教学中,学生的学习既涉及相应知识的记忆,又涉及动作技术的记忆。伴随着心理学研究的发展,学习过程的各个方面被人们所认识,并且在具体教学实践过程中,心理学的相关理论逐渐受到重视。在体育教学方法的发展过程中,很多心理学的研究成果将会进一步得到应用,这对于体育教学效果的提高具有重要的意义。除此之外,体育教学还肩负着培养和发展学生的良好意志品质、促进学生的心理健康等方面的重要作用,通过运用相应的心理学方面的方法,能够更好地达成这方面的目的。由此可见,体育教学方法的心理学化也是一个重要的发展趋势。

二、高校体育教学方法的优化

体育教学方法的优化需要遵循以下几个基本原则,这样才能取得理想的优化效果。

(一)简便性原则

简便性是体育教学方法优化的一个非常重要的原则。这一原则要求体育教师要简化体育教学方法的实施步骤与程序,舍弃一些不必要的操作,但不能破坏结构上的紧密性、协调性与连贯性,也不能对体育教学方法功能的发挥造成干扰,更不能影响教学效果。经过处理后的体育教学方法应更加精简、有效,这对于体育教学质量的提高具有重要的作用。

简便性是体育教学方法优化的一个重要原则,但不是唯一的原则。在体育教学中,要充分利用多种教学方法,避免片面性,否则就不利于发挥教学方法的作用,会制约教学目标的实现。因此,在优化体育教学方法的过程中,不能只重视教学方法的简便性,还要考虑其他方面的要求。

(二)系统性原则

对体育教学方法进行优化,要严格贯彻系统性原则。体育教学方法存在与发展的客观规律能够从这一原则中反映出来,而且体育教学方法存在的主要形式与普遍性特点也能由这一原则揭示。

在现代体育教学中,贯彻系统性原则需要注意以下几个方面的要求:

1.体育教学方法本身的存在形式具有系统性

(1)体育教学方法的构成要素之间是有机联系的,它们相互融合成为一个整体。

(2)体育教学方法是一个整体的有机系统,组成该系统的各个子系统具有层次性,它们有序联系,密不可分,发挥着非常重要的功能。

(3)体育教学方法这个大系统中各要素各自发挥自身作用,而且也相互作用,主要是为了实现一个共同的目标,这个目标就是整体目标或系统目标,期望最终的整体结果是理想的。

(4)体育教学方法系统内部各要素相互联系,相互促进,共同推动着整个系统的发展。

2.体育教学方法与环境的互动是开放的

体育教学系统是开放的,因此体育教学方法也具有相应的开放性特点。体育教学方法的存在与发展离不开与环境的开放式互动。体育教学方法本身的开放程度越大,同环境的关系越紧密,那么对其自身的生存发展就越有利。

总之,体育教师在优化体育教学方法时,要严格遵循以上基本原则,从整体上把握体育教学方法的优化,深入探讨体育教学方法与其他要素之间的关系,构建一个科学合理的体育教学方法体系,这对于体育教学质量的提高具有非常重要的意义。

(三)动态性原则

随着现代体育教育的发展,体育教学方法大量涌现出来,逐渐形成了一个较为完善的体系。需要注意的是,在一定历史时期内,体育教学方法具有一定的稳定性,但在体育教学过程中具体运用这些教学方法时,很多因素又会对教学方法的实施及最终效果造成影响。而且体育教学方法与手段也随着体育教学思想、体育教学内容的变化而不断变化,其在一定程度上对体育教学思想、内容具有依附性,因此优化体育教学方法还要充分遵循动态性的基本原则。这样才能跟上体育教育发展的趋势。

(四)综合复用原则

当今学校教育背景下,大量的体育教学方法被应用于教学之中,大部分教学方法都有自己的功能,它们存在着一定的互补关系,没有一种方法是万能的。正因如此,在优化体育教学方法时必须贯彻综合复用原则。也就是说,为了达到预期的体育教学目标,必须从系统角度出发优化组合不同的教学方法或同一教学方法中的若干因素,使体育教学方法的综合功能得到充分发挥。综合复用原则对我们在体育教学中如何运用体育教学方法以及采取何种方式让所选教学方法的作用得到充分发挥具有积极的指导意义,同时这一优化原则也反映了体育教学方法实践运用的辩证性。因此,贯彻综合复用的教学方法原则是非常重要的。

可以说,每一种教学方法都是独特的,都有自己的优势和缺陷,在具体的教学过程中,我们可以相互利用、取长补短,以提高体育教学效果。我们要深入贯彻综合复用的基本原则,对各种教学方法进行优化与组合,以促进体育教学质量的提高。

三、高校体育教学方法的创新

(一)重视教学方法观念的创新

在体育教学中,学生是重要的主体,是整个教学活动的中心,一切教学活动都要围绕学生进行。在体育教学方法的设计方面也是如此。体育教学方法的设计要以体育学科的特点及学生的特征、需求为依据进行。

在上体育课前,体育教师首先要明确要教的内容和通过实施这些内容要达到的目的,然后根据内容的特点、学生的特点以及要达到的目标来对教学过程进行安排,合理设计每个教学环节,在各环节将相对应的恰当的教学方法予以实施,保证各个环节教学工作都能有序开展,且都能取得好的效果。在整个教学过程中教师会创设一些教学情境,不同的教学法适用于不同的情境,教师要明确哪些是主要教学法,哪些是辅助性的教学法,将二者充分结合起来,以取得理想的教学效果。

在当今信息化背景下,选择与设计体育教学方法时还要充分考虑各种科技因素,落实现代化教学方法,只有不断创新,不断为教学方法添加新鲜因素,才能提升学生的学习积极性,培养学生的创新能力,这是现代化体育教学改革的要求,也符合当今素质教育改革与发展的要求。

(二)合理编排体育教学方法

体育教学质量的提高,体育教学方法在其中发挥着至关重要的作用,所以体育教师要尽可能地使所选的教学方法对学生起到积极有利的影响。教师实施教学方法,教学方法又作用于学生,从而将教师与学生密切联系起来,教学方法起到了重要的桥梁作用。由教学方法联系起来的教师与学生都是体育教学活动的主要参与者和实践者,体育教学效果一定程度上是由这两个主体所决定的,如果教师缺乏专业素养,学生缺乏学习热情和创造性,就难以取得理想的体育教学效果。因此,体育教师一定要努力提升自身的综合素质,合理地编排体育教学方法。

(三)扩展与改进体育教学方法

如何充分发挥体育教学方法的功能,从而提高体育教学的质量是一个十分重要的问题。体育教学方法的实施效果受到很多主客观因素的影响,其中客观方面的影响因素中实际教学条件是一个不可忽视的因素,场地器材的数量、规格以及其他教学资源等教学条件都对体育教学方法的实施效果起到举足轻重的影响。

我国地域辽阔,各地区之间的经济差异较大,不同地区的学校之间也存在着较大的差异。如经济条件差的地区教学条件就比较落后,表现为缺乏体育场地器材等,经济条件好的地区教学条件优越,能够为体育教学的顺利开展提供良好的保障。为了使体育教学方法在各地区的教学中得到充分的运用,取得较好的实施效果,各地都应集中资源来优化教学条件,这是完善体育教学方法和提高教学方法实施效果的重要路径,经过优化后的教学条件和经过完善后的教学方法更能满足体育教学的需要,促进体育教学质量的提升。

体育教学方法改进的两个途径为延伸体育教学方法的功能和扩大体育教学方法的应用范围提供了便利。需要注意的是,要实现有效的扩展,就要在教学组织形式上下功夫,优化改革体育教学组织形式,如突破传统的按人数平均划分学习小组的分组方法,将学生的兴趣爱好、学习水平、运动基础等作为分组的主要依据,扩展教学组织形式,使不同兴趣爱好、不同学习能力的学生都能获得共同的发展和进步。

除此之外,体育教师还需要不断地改进教学方法,在原来的旧方法基础上增加新的因素,创造新的教学方法,进一步完善体育教学方法体系,这对于素质教育背景下我国体育教学的发展是非常有利的。在信息化发展的今天,可以多多利用各种信息技术来改造与创新体育教学方法,通常能获得不错的效果。

(四)重视新的教学技术的应用

伴随着时代的发展,各种高科技手段也大量涌现出来,在社会的各个领域都发挥了非常重要的作用。如今,学校教育也充分利用了各种新的教学技术手段,进一步提升了教学质量。因此,在体育教学中,也要重视新的科学技术的利用。

我们要继续发挥科技的优势,继续利用科技手段来提高与完善教育技术,使体育教学彰显出时代性、先进性、创新性。在众多的教学技术中,多媒体技术有着良好的发展前景,体育教师要多引进学生喜闻乐见的多媒体手段,充分激发学生学习体育的兴趣,提高学生主动参与体育锻炼的意识,这对于学生终身体育意识的形成也具有重要的促进作用。

第五章

核心素养视域下
高校体育教学设计改革研究

体育教学设计对高校体育教学发展与改革起到规划性和指导性作用。科学、合理的教学设计有利于保障体育教学的顺利实施,有利于提高体育教学质量和效果。重视高校体育教学设计,不仅是高校体育发展和改革的客观需求,还是教师提升自身专业水平、满足学生身心需求的重要前提。

第一节　高校体育教学设计的理论

一、教学设计与体育教学设计

(一)教学设计

教学设计是指根据课程标准要求和教学对象特点,对教学中的各个要素和环节进行有序排列,从而确定合适的教学方案设想和计划。一般来说,可以从以下几方面来认识教学设计的内涵:

(1)教学设计的目的是提高教学效率,使学生和教师都能够在有限的单位时间内提高自身各方面能力。

(2)教学设计与设计的性质大体一致,但不同的是,教学设计必须遵从教学的基本规律。

(3)学习理论、教育理论、传播学、心理学等学科的理论,都作为教学设计的理论基础。

教学设计是一个系统性工程,它实施于教学活动开展之前;在设计过程中,应始终以具体的教学目标为要求,对教学活动中的各个环节进行科学的分析和策划。

(二)体育教学设计

体育教学设计与教学设计的思路基本一致,其制度思想、基本思路、程序环节都维持设计的基本思路不变,但必须在实际的操作方案中重点突出体育知识的特点,即以体育学科的特点开展体育教学设计。

在进行体育教学设计时,首先应全面分析现代体育的特点、目标、要求,再将其与教学设计的思路相结合,即可以得出体育教学设计的基本表述。体育教学设计的目的在于提高教学成果,教师在开展教学活动前,需要以一个宏观的思想作为指导,以体育相关的理论知识为基石,结合与体育相关的其他学科的特点,致力于满足学生身体体质与心理素质的发展需求,在体育活动中针对"如何学""学什么""为什么学"等系列问题做出回答并设计出高效的体育教学实践方案,让学生明确"为什么学""学什么",在学生掌握需要的教学内容后,再采取相应的策略让学生"如何学"。

二、高校体育教学设计的特点

(一)超前性

超前性是指在体育教学中应预先进行教学设计并得出相关的教学方案,然后再开展实质的体育教学活动。体育教学设计也可以看作是体育教学实践活动的一项准备工作,它是对项目活动的预测、估计,起到引导体育教学实践活动开展的作用,因此体育教学设计具有超前性。

从教学设计的本质上来看,它是对教学活动的预估和展望,是对其过程中可能面临的问题和状况所做出的一种预见性分析,这种分析预估的过程是根据体育教学、教学理论、学生需求所做出的设想,是对可能出现的问题和状况的一种安排与策划。

(二)差距性

高校体育教学由于受到多重因素的影响,并不具有固定性和稳定性,所做出的体育教学设计也是基于一种构想和预测的基础上,与教学实践之间不可避免地存在一定的差距性。

由于差距性的存在,所以体育教学设计预先做出的解决方案可能并不能真正解决实践教学中所出现的问题。实践教学的变动性和复杂性是无法避免的,这就导致教师在做出体育教学设计时,无法真正全面地考虑到可能出现的情况和问题。教师所做出的体育教学设计即便相对完善,但是未必就能全面体现教师的实践教学水平。因此,体育教学设计与教学实践的差距性就要求教师能够根据现场环境和状况,有足够的能力灵活应对各种问题。

即便差异性存在,体育教学设计的存在也是极具实际意义的,它以学生的实际需求为基础导向,这与现代体育教学思想不谋而合。

(三)创造性

体育教学设计具有显著的创造性特点。首先,由于现代高校体育教学目标、体育教材、教学方法、教学手段等具有多样性、广泛性、多元性特点,因而高校体育教学相应具有庞杂性和不确定性等特点;其次,现代体育教学的过程并不是一个直线发展型的前进过程,而是一个曲折的、动态的、复杂的过程,若教师想做出一份全面的、完全合理的教学设计方案几乎是不可能的。因此,在进行体育教学设计时,应尽可能地做出具有创造性的设计方案,避免问题的多发情况。

体育教学具有显著的变化性,也正是这种特性赋予了体育教学设计更大的创造空间。体育教学是发展学生创造力的过程,而体育教学设计就是培养教师创新精神的过程,它对推动体育教学的改革有着重要意义。

具体来说,体育教学设计要求教师必须具备以下基本创新素质:

(1)具有扎实的文化知识基础和牢固的专业知识;

(2)对基础教育具有主观能动性;

(3)具有一定的创新性和创造能力。

三、高校体育教学设计的理论基础

扎实的理论基础对于任何学科的教学设计来说都是非常重要的,尤其对于体育教学设计来说,若没有牢固的理论基础作为基石,教师就无法做出具有科学性和合理性的设计方案。高校体育教学方案设计是一个严谨、科学的系统性工程,它需要突出体育运动本身的各种特点,也因此使得体育教学方案的设计更为复杂。在此情况下,科学的理论知识的运用就显得至关重要。

(一)系统理论

1.系统理论概述

(1)系统的构成

教学设计是一个系统性工程,由多个子系统共同构成。一般来说,教学设计系统的子系统为教学目标、教学对象、教学内容、教学方法、教学评估。这些子系统功能价值各不相同,相互之间自我独立,却又相互制衡,共同构成教学设计这一有机整体。子系统在整体中协调互助,使部分与整体形成辩证统一,实现整体教学设计系统的最优化。

整体系统的构成应该满足以下三个条件:

①特定的环境,特定的环境是指能够保证系统合理存在的特有环境,系统与特定的环境之间,既是从属关系,又是包含关系;既能相互制约,又能相互合作;两者相辅相成,共同发展。

②特定的元素,系统由若干个不同元素组成,各个元素之间相互联系、相互依存、相互约束,共同构成一个整体。

③特定的结构,系统之所以能够形成是由于它所包含的子系统、各个要素之间存在着相互联系,但单个元素之间是无法构成一个系统的,同样的元素若通过不同的形式组合又可以构成不一样的系统。

(2)系统的特点

①集合性,系统由多个子系统组合构成。它是一个有组织的整体,因此具有多种事物集合的特点。

②整体性,系统由各个子系统集成,虽然要素之间都具有不同的功能,但是将其综合在一起之后,其功能要大于要素单个功能之和。

③相关性,构成系统的各个要素之间相互关联、相互作用、相互依赖。

④目的性,建立系统的初衷就是为了能够更好地完成特定的指向目标,因此系统所具备的功能与目标一样具有一定的目的性。

⑤反馈性,事物是发展变化着的,系统建立后虽然会表现出稳定性特征,但是并不会保持一成不变。因此,系统为了能够保证自身的正常运作,必须通过一定的反馈来洞悉自身需要调整、改善的地方,以使自身能够长期保持平衡和稳定的状态。

⑥环境适应性,任何事物都无法脱离环境而存在,系统存在于环境,受到环境各方面影响和制约。环境可以为系统提供一定的物质基础和外部信息,同时,环境还能对系统起到制约作用,避免系统朝不稳定的方向发展。对此,系统必须通过动态性调节,以使自身在环境中正常运作。

2.系统理论对高校体育教学设计的指导

系统理论对高校体育教学设计的指导主要表现在,教师可以通过整体系统、子系统、要素的细致划分,在教学设计中有的放矢。比如学生、教师、教学内容、教学目标、媒体等子系统,就可以在进行教学设计时做到针对性的分析,使教学设计尽可能地做到宏观、全面。

(1)体育教师

体育教师是教学活动中的引导者,同时也是教学活动中的组织者和策划者,课堂知识如何理解、把握,都与教师的导向息息相关,教师在教学活动中占据着重要的地位。在体育教学活动中,体育教师要素的划分首先可以以集体的形式分为引导人、骨干、助教;以年龄划分为老年、中年、青年教师;以个体为单位划分为体育知识、体育方法、体育目标、体育任务、教学媒体等专门教师。

(2)学生

学生是高校体育教学的教学对象,是知识的接收者和学习者,同时也是整体教学活动中的主体,没有学生的存在,教学活动的存在将毫无意义。同时,学生的学习成果真实反馈教学活动的成效。

(3)教学内容

对于体育教学来说,其教学内容不仅仅包括教材中的体育知识,还包括了相关的运动技能、健康知识、心理知识等,同时,教学内容决定着教师如何做出教学设计、教学目标、教学任务。

(4)教学方法

教学方法主要是指教师的教学方法的指导思想、基本方法、教学方式,同时还包含学生的学习方法,它是教学方法与学习方法的统一,是为了实现教学目标所运用的方式和手段。

(5)教学媒体

教学媒体是教学内容的载体和介质,是教学内容的表现形式,是师生之间相互交流或传递信息的工具,如物体、语言、图表、图像、模型、多媒体等,通过一系列介质从而实现教材中的知识点教学。教学媒体是教学系统的重要组成部分,能够有效地促进体育教育的教学与学习。

(二)学习理论

1.学习理论概述

学习理论简称"学习论",它是关于人学习的性质、过程和影响学习因素的相关学说。[1] 在长期的研究和实践中,专家和学者从不同角度对学习进行探讨和分析,形成了各种各样的学习理论。

学习理论的三个经典学派为行为主义学派、认知主义学派、人本主义学派。

(1)行为主义学习理论

行为主义学习理论形成于 20 世纪初,该理论在美国主导的时间长达半个世纪。行为主义者认为,学习是刺激与反应之间的缔结,而环境是刺激,有机体活动是反应,学习者的行为都是反复学习的累积形成。

(2)认知主义学习理论

认知主义学习理论源自格式塔学派,其在 20 世纪 50 年代后期进入繁荣发展时期。认知主义学习理论与行为主义学习理论相对立,认知主

---

[1]　丰洪才,陆文智. 智慧时代高等学校的课堂教学[M]. 武汉:武汉大学出版社,2020.

义者认为,学习就是根据当前的问题情境,在内心重新组织和构建知识认知,从而形成和发展新的认知结构的过程。

(3)人本主义学习理论

人本主义学习理论建立于人本主义心理学基础之上,其兴起于美国的 20 世纪五六十年代,快速发展于七八十年代。人本主义学习理论主张"以学生为中心",关注学生的个人知觉、情感、信念和意图,强调学生的本性、尊严、理想、兴趣,倡导以学生为中心构建学习情境。

2.学习理论对高校体育教学设计的指导

不同的学习理论流派强调学习的不同方面,而相互之间之所以存在差异,主要在于其处在不同的研究背景和不同的研究角度下。但是仔细分析,可发现不同的学习理论流派也存在着一定的共性。在高校体育教学设计中,教师应当通过合理手段和途径充分发挥不同理论的优势和特点,得出有效的教学设计,帮助学生更好地掌握知识。

具体来说,结合学习理论三大学派的不同侧重点,不同学派对高校体育教学设计的指导具体如下:

(1)行为主义学派

在行为主义学派理论指导下,高校体育教学设计应当注重外在因素的分析与研究,如学生的作业、教材内容的逻辑顺序等。同时,应科学甄别教学中的一些较为复杂的因素,优中择优,最大限度地做出更为优质的教学设计。此外,以行为主义学派为基础的教学设计还要注重对最后的教学效果的及时性评价,要求根据客观的反馈信息有效调整和加工教学设计,使其更具有逻辑性、可行性和高效性。

(2)认知主义学派

在认知主义学派理论指导下,高校体育教学设计应当注重学生学习情境的构建以及学生的内在特征,如体育教材的内容、技能结构,学生的认知能力和掌握知识水平等。同时,应基于学生认知状况和水平,科学分析和选择教学模式、方法、手段以及教学媒体,使学生顺利有效进行知识认识构建。

（3）人本主义学派

在人本主义学派理论指导下,高校体育教学设计的重点应以学生为中心,充分尊重学生的主体地位,充分满足学生的身心发展需求。教师必须全面分析学生的实际需求,分析体育教材内容与学生的融合度,分析现行的体育教学策略是否适合学生,分析教学是否能够有效培养学生的学习主动性和良好的学习态度,分析教学方式能否充分挖掘学生的潜在能力以及是否能让学生在学习过程中充分发挥自我价值,实现个性发展,体验学习乐趣。

（三）教学理论

1. 教学理论概述

教学理论是教育学的重要组成部分,它既是一门理论科学,也是一门应用科学。它研究教学现象、问题、规律,同时也研究教学策略;它是理论的描述,同时也是在教学设计实践中起到指导作用的解决性理论。

教学理论的形成经历了一个漫长的时期,在我国,古代的《学记》最早论述了教学理论,在西方国家的相关文献中,德国教育家拉特克和捷克教育家夸美纽斯最早提出了"教学论"概念。总的来说,教育理论经历了萌芽时期、近代形成期、现代发展期三个阶段,其研究对象和范畴主要包括以下几个方面:

（1）教学本质,论述学习的性质、过程和影响学习的各种因素。

（2）教学价值、教学目的、教学目标。探讨三者之间的关联关系和相互作用效应。

（3）教学内容,分析教学内容与教师、学生之间的关系,并以此来研究教材的选择、调整、编排。

（4）教学模式、教学原则、教学组织形式,重点研究教学的手段和方法。

（5）教学评价,为了保证教学质量的不断提升,教学评价机制是存在的必要基础。

2.教学理论对高校体育教学设计的指导

现代教学理论对高校体育教学设计的指导作用主要表现在：提炼教师教学的核心内容；寻找科学合理的教学方法；优化教学条件等。此外，还体现在以下几个方面：

(1)教学理论是教学设计与教学之间的枢纽，是体育教学设计的基础，也是教学设计开展之前所必须进行研究的对象。

(2)教师在教学活动中遇到的各种问题，教学理论都能够对其做出合理的解释，体育教学设计也是根据这些问题得出解决策略和方法。

(3)体育教学设计可以进一步更正和完善教学理论，为教学理论的实践奠定坚实基础。

(四)生理学理论

1.人体生长发育规律

(1)人体生长发育规律概述

人体的生长发育不是一个等速并行的过程，而是一个连续的、发展的过程，具有显著的阶段性特征。不同个体的生长发育速度不同，一般来说，体格越小，生长速度越快；各器官发育具有不平衡性，有的先，有的后，有的快，有的慢；人体生长发育具有一定的顺序性；外界因素、后天因素以及遗传因素影响人的生长发育。在先天的、后天的因素的影响下，人类生长发育会呈现显著的个体差异性，具体表现身体形态、生理机能以及身体素质等方面的不同。

①身体形态随着年龄的增长而变化，期间快慢交替进行，生长发育速度呈曲线波浪式递进。

②生理机能的发展和完善主要表现在一些具体的生理器官上，如神经系统、生殖系统、淋巴系统、呼吸系统、心血管系统、皮下组织、肌肉组织、脑组织等，随着年龄增长，其都会显现一定的差异性。

③不同的性别和年龄，人体的身体素质也会有所差异，例如男生和女生相比，一般男生的身体素质就要强于女生。

(2)人体生长发育规律对高校体育教学设计的指导体育教学必须以

学生身体素质为前提和基础,也就是说在一定程度上人体发育规律对体育教学设计起到约束和指导作用。

增强学生身体素质、提升学生的健康意识不仅是体育教学的目的,也是体育教学设计的目标,所以在进行教学设计时,就务必要以提高学生身体机能、促进学生生长发育为前提。具体来说,就是要做到以下几点:

①根据学生不同年龄阶段的生长发育特点,有针对性地设计相应的运动项目,帮助学生身心健康发展。

②以学生的学习需求和生理发展特点为中心,找准教学中的关键点和问题所在,从而做出有效的教学设计指导。

③要对不同年龄阶段和不同性别的学生的生长发育特点做到大致的了解,才能在具体的体育教学设计中意识到生长发育的规律性和阶段性对学生所起到的影响作用。

④学生生理发展特点同样也是在进行体育教学内容编撰时应当充分考虑的环节。

2. 生理机能适应规律

由于人的生长发育是不断变化发展的,生理机能具有一定的适应性,使人体的体内外都能达到平衡的状态。生理学研究表明,人体的各个组织器官和系统之间都是相互合作、相互约束的关系,以使人的整体状态保持平衡,来更好地维持人的正常外在活动。当外在因素使人体内部机能失衡时,体内的各个功能又会相对地进行自我调整,来重新适应环境的变化,保证人体在环境中的正常活动。在体育教学中,学生通过体育运动进行身体锻炼时,身体的各项机能对运动内容的适应一般会经历以下几个阶段:

①刺激阶段:身体的感官、触觉等各方面都会接收到运动的刺激。

②应答反应阶段:在进行运动过程中,经过不同程度的运动负荷刺激,身体机能和运动系统达到兴奋状态。

③适应阶段:身体各项机能对运动熟悉,进入良好的工作状态。

④衰竭阶段:由于过度或不恰当的动作运动,从而使身体各项机能感到疲劳,甚至引起损伤。

学生在进行体育运动过程中,身体内部的各项生理机能会相应地产生生理或物理上的变化,这种变化在经过长时间的练习后,可以达到质的变化,身体机能会重新组织,身体素质又会有新的提高。

值得注意的是,提高学生的生理机能水平,必须考虑到学生的身体素质基础,不能一概而论,必须以科学的生理发展理论为基础,循序渐进地递增运动负荷,才能使学生机能得到良性发展。

3.动作技能形成规律

动作技能是人体通过长时间的反复练习而形成的,也就是说,运动技能是在准确的时间和空间里正确运用肌肉的能力,具有一定的连锁性、复杂性、感受性。为了形成一定的运动技能,就必须在日常训练中以渐进、渐序的方式,将运动目标以泛化、分化、巩固、达成的过程来完成技能内化。

(五)心理学理论

心理学理论在体育教学的各个环节中都是不可缺少的,只有了解了不同阶段学生的不同心理特征,才能有针对性地增强学生的体能、智能、技能以及心理发展。

首先,高校大学生正处于生长发育的黄金时期,不同性别的学生,其气质、性格、能力、兴趣、价值观、需求、动机等都会有不同的特点,教学设计把握住学生的这些不同特点有利于使整个体育教学更加符合学生的身心需求,从而能够更加激发学生的主观能动性和兴趣。

其次,从心理学角度来看,学生在体育活动中的不同表现都能从心理层面上得到解释,如心理定向、运动知觉、思维、想象力、注意力、情绪、意志力、表现力、接受能力、精神等。

(1)心理定向的意思与身体的准备阶段意思基本一致,是指进行体育运动前,在心理上做出指向性的准备状态。

(2)运动知觉包含了多个身体机能感知,如皮肤触觉、身体协调度、平衡度等,它们都以高度分化的运动知觉为基础。

(3)情绪在体育运动中也有着非常重要的作用,良好的情绪能够帮助学生更好地发挥和完成运动动作,不良的情绪则会直接影响着学生的理解能力和发挥水平。

（4）意志能力很大程度上决定着学生的行动能力，意志力强的学生更能够完成难度高、负荷强的运动，能有效提高其运动水平。

（5）注意力决定着学生能否根据教师的指示完成学习任务。

以大学生的心理发展特点为导向作为高校体育教学设计，是推动和发展体育教学的重要前提和基础。

（六）传播学理论

1.传播理论概述

这里的传播就是指知识的传播，简而言之就是信息的交流。信息能够反映出事物的不同变化和特征。传播学的创始人威尔伯·施拉姆认为信息传播主要包括四个要素——信息发送者、信号、信息通道、信息接收者，它们之间的相互关系如图5－1所示。

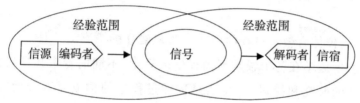

图5－1　传播学要素之间的关系

正确地理解施拉姆传播理论及其模式，应认识以下几点：

（1）在一个完整的传播模式中，有效的传播方式并不单单是指信息的发送，得到的最终信息反馈也是有效传播的保证，因为只有信息准确无误地发送出去了，才能得到最终的信息反馈。

（2）在传播过程中，信号可以以多种形式存在，不同的信号所包含的信息也有所不同。一般来说，信号具有广泛的接受度，其传播效果也较为良好。

（3）不同的传播形式会影响信息的传播效果，通常情况下，传播有四种形式，即个人间传播、小组间传播、机构间传播、大众间传播。

2.传播理论对高校体育教学设计的指导

从传播学领域来看，体育教学活动也是一种信息传播的过程，同时，传播学的相关概念和思想观念都能对体育教学设计起到重要的引导作用，对推动现代高校体育教学的改革和创新具有重要影响。

将传播学理论要素运用在高校体育教学体系中,可以清晰地看出各个要素之间的关系,从而帮助教师更好地做出体育教学设计,如图5—2所示。

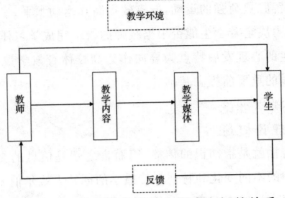

图5—2　教学系统中各个要素之间的关系

具体来说,传播理论对高校体育教学设计的指导表现在以下两个方面:

(1)高校体育教学过程的模式及各要素分析

随着传播学在各个领域不同程度的运用,不同的专家和学者都对此有着深入的研究和探讨,并将信息传播过程中的构成要素分为"5W"和"7W"的模式。"5W"由美国学者哈罗德·拉斯维尔于1948年在相关文献中首次提出,他按照一定的顺序将各个不同的要素进行了排列,如图5—3所示。

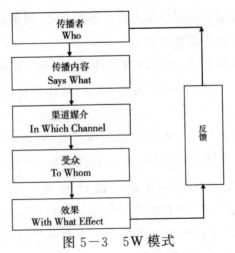

图5—3　5W模式

"5W"模式清晰地将信息传播过程的目的性行为展示出来,其五个要素是传播学中的精髓,这些精髓为体育教学设计提供了导向性的帮助,具体分析如表5-1所示。

表5-1　5W传播过程模型与高校体育教学传播过程各要素分析

5W	含义	高校体育传播过程的各要素
Who	谁	传播者(高校体育教师或其他教学信息源)
Says What	说什么	讯息(高校体育教学内容)
In Which Channel	通过什么渠道	媒体(高校体育教学媒体)
To Whom	对谁	受体(高校体育教学对象)
With What Effect	产生什么效果	效果(高校体育教学效果)

随着传播学的不断发展以及人们对之更为深入的研究,在1958年,著名学者布雷多克又提出了"7W"传播模型,他在"5W"的基础上进行了进一步的拓展,加入了"为什么"和"在什么情况下"两种要素,对于高校体育教学来说同样适用,具体如表5-2所示。

表5-2　7W传播过程模型与高校体育教学传播过程各要素分析

7W	含义	高校体育教学传播过程各要素
Who	谁	传播者(高校体育教师或其他教学信息源)
Says What	说什么	讯息(高校体育教学内容)
In Which Channel	通过什么渠道	媒体(高校体育教学媒体)
To Whom	对谁	受体(高校体育教学对象)
With What Effect	产生什么效果	效果(高校体育教学效果)
Why	为什么	目的(高校体育教学目的)
Where	在什么情况下	环境(高校体育教学环境)

将传播学中的各个要素应用到高校体育教学中,能为体育教学设计提供明确的指导,能帮助教师更好地厘清体育教学中各个元素之间的关系,为教学设计打下坚实基础,有利于将体育教学中的重要知识点、趣味点等信息以最准确、最快速、最有效的方式传播给学生。

(2)高校体育教学过程的双向性

从传播理论学中的信息传递和信息反馈可以看出,传播具有双向性特征,它是经过循环反复的传播反馈来进行的,而传播者和受传者都是整个传播过程中的主体,如图5－4所示。

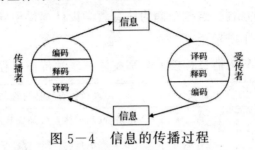

图5－4 信息的传播过程

传播学理论所具有的双向性和互动性特征,也正是高校体育教学所具有的特征,教师为传播者,学生为受传者,相关的体育知识为信息,但信息并不仅是指教师单向地向学生传播,学生在接收到信息后,还要及时地将自我学习情况或有疑问的地方及时向老师反馈,这种反馈也是信息。只有两者之间实现双向传播,才是一个有效的传播过程。所以,在进行体育教学设计时,教师应当充分利用学生作为受传者的反馈信息,找出信息传播过程中的疑难点和不足之处,在教学设计中有效规避和调整,建立高效的体育教学过程。

3.传播过程要素构成学校体育教学设计过程

一个完整的传播过程包含了多方面因素的共同作用,如信息、受众、媒体、效果等,在高校体育教学中,把相对应的这些要素提炼出来并加以分析和研究,有利于完善高校体育教学设计。传播过程要素与高校体育教学设计要素之间的关系如表5－3所示。

表5－3 传播过程要素与高校体育教学设计过程要素的对应

传播过程要素	高校体育教学设计过程要素
为了什么目的	高校体育学习需要分析
传递什么内容	高校体育学习内容分析
由谁传递	高校体育教师、教学资源的可行性
向谁传递	教学对象(学生)分析
如何传递	高校体育教学策略选择
在哪里传递	高校体育教学环境分析
传递效果如何	高校体育教学评价

从上述表格中不难看出,高校体育教学中的各个要素在传播学中都能找到相对应的位置,为了确保最终的教学成效,就要充分地考虑教学过

程中各个要素之间的联系,只有对各个要素充分了解,才能做出更为科学、合理的教学设计。

第二节　高校体育教学目标和组织设计

一、高校体育教学目标的设计

从宏观层面上来讲,教学目标可以分为三个层次,即课程目标、课程教学目标、课程教育成材目标。这里所要讲的目标为课程教学目标,以课程教学目标为中心点,全面开展高校体育教学。教学目标对教学活动的开展有着重要的导向性作用,它是关于教学将使学生发生何种发展以及发展的明确表述,在教学活动中有着重要影响,具体如图 5-5 所示。

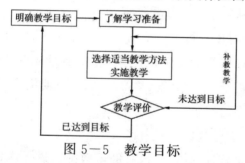

图 5-5　教学目标

(一)体育教学目标设计的原则

(1)科学性原则

科学性原则是判断事物是否符合客观事实的标准。在体育教学的目标设计中,其中涉及的每一个环节都需要保证其科学性,这样才能从整体领域上突出体育教学的全面性。

(2)系统性原则

系统性原则是指在进行高效体育教学设计时,所有的子系统在具有一定的独立性的基础上,相互之间不脱离整体系统的界定范围,且具有一定的联系。

(3)可测性原则

可测性原则是指高校体育教学目标的设计应当充分满足学生身心健

康发展的需求,且能从最后的教学成效中测评教学目标、教学方法、教学手段等是否合理,以便后期能够进一步调整。

(4)发展性原则

发展性原则是指体育教学目标的设计不能仅仅局限于某一固定时期,应该注重学生的可持续发展,充分将体育教学的发展性特点展示出来,为培养学生的"终身体育"意识做好铺垫。

(5)灵活性原则

由于体育运动本身就具有变化性和复杂性的特点,因此,在作高校体育教学目标设计时,就必须确保一定遵守的灵活性原则,才能在具有变动性的教学活动中做出有弹性的应对和调控。

(二)体育教学目标设计的步骤

根据高校体育教学的基本特点以及相关的理论知识,体育教学目标的设计大致可以从以下三个步骤进行:

第一步:教学对象分析——学生

学生作为高校体育教学中的主体,对教学目标设计有着重要作用。学生的身心发展需求、学习态度、学习基础、学习期望等,都是教学目标设计时应该重点考虑的问题。

第二步:教学载体分析——内容

对体育内容进行详细的分析,有助于教师在进行体育教学目标设计时明确各个要素之间的关系(见表5-4),可以根据内容将每一堂课、每一单元、每一学期的内容做到有计划地安排。

表5-4　分析体育教学内容步骤

步骤	内容	说明
1	单元体育学习任务的选择与组织	教学准备
2	单元学校体育教学目标的确定	
3	体育教学任务分类	教学基础
4	体育教学内容的评价	
5	体育教学任务分析	教学提高
6	体育教学内容的进一步评价	

第三步:确定体育教学目标

高校体育教学目标的确定,首先,要保证环节的完整性,即教学对象、教学对象的体育行为、确定行为的条件、确定行为的程度四个主要环节的总体完整;其次,教学目标相互之间的关系详细、具体,并从横向、纵向两个方面将它们之间的关系清晰地展现出来,具体如图5-6所示。

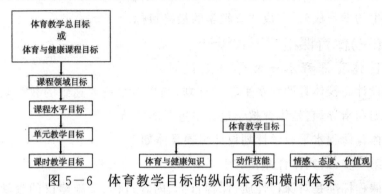

图5-6 体育教学目标的纵向体系和横向体系

一般来说,体育教学目标包括了运动参与、运动技能、身体健康、心理健康、社会适应五个方面,对他们之间的关系进行清晰的梳理,有利于让教师在进行教学目标设计时更有把握、更有针对性,以确保体育教学目标的科学性、合理性。

二、高校体育教学组织的设计

(一)体育教学组织的概念

教学组织是指为了完成最终的教学任务,教师和学生根据一定的教学目标、教学内容、教学性质、教学任务等进行组合并展开活动的结构形式,所以,教学组织也可以称为"教学形式"。

体育教学组织是指在开展体育教学活动时,为了将最终的教学任务顺利完成,教师组织学生以不同的形式共同活动的组织形式,如个别形式、小组形式、男生和女生形式、全班形式等。

(二)体育教学组织形式设计

高校体育教学组织形式设计是为了更好地实现体育教学目标,它主要是对教学活动中的人、物、环境等方面的设计,其中,教师、学生、设施、内容、目标等因素皆在其设计范围内。

体育教学组织形式设计对体育教学活动的有效开展有着十分重要的作用,因此,在进行体育教学组织形式设计时,就务必保证其科学性和合理性,它会对最终的体育教学成效产生直接的影响。

合理有效的体育教学组织有着多功能的作用效果,可以推动体育教学活动的开展,有利于发挥体育教学设计的作用,提高体育教学质量,加强学生的学习成效,完成体育教学的最终目标。

(三)体育课组织形式设计

1.体育课程水平教学计划设计

设计高校体育课程水平教学计划,是指对最终要达到的教学效果做出规划和指导,它是体育教学过程中重要的环节。

体育课程水平教学计划设计步骤具体如下。

第一步:研究体育课程的水平目标

课程标准是对课程性质、课程目标、内容目标、实施建议的教学指导性文件和说明性文件,对各个地方和学校的体育教学计划都提出了基本要求,因此,研究课程标准对教学计划的设计有着重要的意义。

第二步:分解体育课程的水平目标并仔细研究其内容

对体育课程的水平目标进行分解是指,将各个目标细节化,各个课程的目标既保持一定的先后顺序,又相互联系,形成一个实效性很强的有机统一体。

第三步:科学选择能促进体育教学目标实现的教学内容

教学内容科学性选择是指,其内容不仅要包括体育理论知识、运动的技能结构,还要包括与之相关的其他相关知识,如心理健康、意志品格等,并根据学生的个体差异性,将这些内容有比例、有选择性地进行安排。

第四步:结合本校实际,科学安排体育课程的教学时数

教学计划的设计还需要与实际情况结合,即具体分析、考虑本校的全年教学时数、学期教学时数以及各个章节或单元的教学内容时数等。

第五步:制订体育课程的水平教学计划

制定体育课程水平的教学计划,并保证其计划简便、实用、有效、科学等。

2.体育课程单元教学设计

体育课程单元教学设计是课程计划设计的组成部分,是制订课程计划的重要依据,也是对整体育教学计划的细化,是高校体育教学目标和

教学内容的有机结合体。

体育课程单元教学设计步骤具体如下：

第一步：先确定高校体育课程水平计划的学习内容和总目标，再确定单元教学计划的学习目标。

第二步：以学期为单位，确定学期课程内容，再细化到单元教学内容。

第三步：在单元教学内容确定后，将单元下的课时数、详细步骤、具体内容作细致划分。

第四步：为了促进学生的全面发展，在体育课程单元教学计划中可以添加一些辅助性的教学内容。

第五步：设计体育课程单元教学计划。

3. 体育课程课时教学计划设计

课时教学计划设计是指对体育活动时间的安排，既要对全年的体育课时进行统括，又要对每个学期、每个星期的体育课时进行细致的体育活动安排，从面到点，从整体到局部，确保教学任务细致到每一节课时，使教学成效获得最佳的效果。

4. 体育课堂常规设计

课堂常规就是指每个学生在教学活动中，必须遵守的最为基本的日常课堂行为准则。科学合理的体育课堂常规的设计，有利于在课堂上建立良好的教学秩序，有助于提高学生的规则感、秩序感，同时对教师也起到一定的约束作用。总的来说，课堂常规设计应当注意以下两点：

（1）课堂常规的设计并不是说是越严格越好、越严谨越好，而是需要根据相应的课堂任务和教学目标灵活制定。

（2）课堂常规的设计是对学生的一种要求，所以在设计时，需要以培养学生的自我管理为主要目标。

5. 体育教学场地与器材设计

体育教学场地是体育教学活动进行的重要环境，器材是体育教学活动中所需要用到的重要工具。在对该项内容进行设计时需要遵循经济、实用、高效的原则，具体要求如下：

（1）教学场地和器材为实现教学目标进行灵活的调整，成为教学活动最大的物质支持。

（2）教学场地和器材要有利于教师的指导、管理、调整，适合学生的身心发展需求。

（3）教学器材要具有一定的安全性，并能够充分引起学生的积极性和主动性。

（4）对整个课程的教学活动要有一个宏观的预测，以便对各种突发情况有良好的应对措施。

第三节　高校体育教学策略的设计

一、体育教学策略概述

（一）体育教学策略的概念

教学策略是指教师在进行教学过程中的教学思想、方法模式、技术手段等，它既包括对教学过程的合理组织，又包括对教学材料的选择和对教学程序的制定。

在体育教学中，体育教学策略是取得最终教学成效的关键所在，它主要解决教师"如何教"和学生"如何学"的问题。

（二）体育教学策略的特点

（1）指向性

高校体育教学策略是根据教学目标、教学内容、教学任务为解决实际教学中所出现的各种问题而设计的，为教学活动而服务。因此，教学策略不是在主观意识上的随意选择，而是指向一定的目标，指向性是教学策略的主要特点之一。

（2）综合性

体育教学过程由多种要素相互作用共同完成，其中的任何一个要素发生变动，都会影响其他要素的进程。因此，在进行教学策略设计时，必须从宏观角度出发，综合地考虑各个要素之间的关系和作用。

(3)多样性

体育教学策略和教学问题之间的关系不是绝对的对应关系,即一个教学策略既可以解决一个教学问题,也可以解决多个教学问题,反之,多个教学策略也可能只解决一个问题,这就充分表现了教学策略的多样性特征。

(4)可调控性

体育教学策略的可调控性主要表现在,它可以根据教学活动的不同,选择适当的策略去分析问题、解决问题,并根据反馈的信息及时调整整个教学进程的步骤。

(5)可操作性

体育教学策略的设计是根据体育教学目标而制定的,因此,每一个策略都具有一定的对应性,为了保证教师能够有效地实施以及便于学生理解和掌握,就必须要求所有制定的教学策略具有较强的可操作性,若不保证其可操作性,制定出的教学策略则毫无意义。

二、高校体育教学策略设计构想及实施

(一)体育教学策略设计的依据

1.教学目标

教学策略是为教学活动而服务的,教学目标作为整个教学活动的出发点,也是教学策略设计的主要依据。

2.学习和教学理论

理论知识是进行教学策略设计时的重要基础,是确保教学策略的科学性和合理性的前提条件。

3.教学内容

教学内容是教师与学生之间互动交流的主要信息,它不仅服务于教学目标,更是教学策略表现方式的依据。

4.教师能力

教师是课堂教学的导向者和执行者。所以,教师的基础和能力决定

着教学策略的设计。若教学策略制定的水平较低,则不利于教师的能力发挥;若制定的水平过高,教师将无法驾驭,那么所制定出的策略也是无效的。因此,高校体育教学策略的设计需要充分考虑教师的能力。

5.学生特点

与教师的能力水平一样,学生个体之间也有着明显的差异,所以教学策略在设计时应当充分考虑学生的差异性特点,仔细分析各个学生的能力水平、学习兴趣等,使最终制定出的教学策略能够有效地作用于全部学生。

6.教学条件

教学条件与教学活动的展开是不可分割的,但由于教学条件对教学活动具有一定的约束性,所以在进行教学策略设计时,要充分考虑环境、场所、器材等客观条件。

(二)体育教学策略设计的原则

1.指导性原则

高校体育教学策略设计的指导性原则主要体现在,对学生在学习过程中所面临的问题能够给予一定的指导和提示,有利于提升学生的自主思考和解决问题的能力,避免学生过分依赖老师。与此同时,体育教学目标应在教学策略上得到充分体现,使学生在学习时有明确的方向性。

2.科学性原则

保证教学策略的科学性原则,可以使教学策略的逻辑更加清晰明了、层次分明、内容完整,能与学生的学习程序和教师的教学步骤有效地结合起来。

3.发展性原则

发展性原则是指设计出的教学策略能够帮助学生实现体育的可持续性发展,使学生在学习的过程中,在获得知识的同时,为终身体育奠定基础。所以,高校体育教学策略的设计应当着重激发学生对体育运动的兴趣,提高学生的主动性和积极性。

4.以人为本

以人为本是指要充分尊重学生的主体地位,考虑学生的个体差异性,满足学生身心发展需求。另外,使学生的个性得以展现,自我价值有所实现,也是以人为本的特点之一。

(三)体育教学策略设计的步骤

第一步:确定体育教学顺序

体育教学顺序是指根据体育教学目标,有层次、有顺序地开展教学活动,主要强调教学目标的完成顺序、教学内容呈现的顺序、学生活动的顺序等。

第二步:设计具体的教学形式

按照组织结构进行划分,教学组织形式可以以多种形式体现,比如全班的、小组的、个别的,还可以分为教师直接教授的、教师间接教授的等。我国当前较为常用的教学组织形式为全班、小组、个别、复合式这四种。有效的教学组织形式有助于提高学生的学习能力、激发学习潜能、发展学生个性、培养学生学习情感等。

第三步:选择体育教学方法

教学方法是教师和学生为了共同实现教学目标和教学任务,在学习过程中所运用的方式和手段。合适的教学方法有利于加强学生对学习的内容理解程度和掌握程度,使教师的教学效果事半功倍。在高校体育教学中,教师选择合适的教学方法应当以教学目标、教学任务为基础,充分考虑学生的基础水平和接受能力,以及教师自身的综合能力。常见的体育教学方法及内容如表5-5所示。

表5-5　常见体育教学方法及内容

体育教学方法	内容
以语言传递信息为主的体育教学方法	讲解法、问答法和讨论法等
以直接感知为主的体育教学方法	动作示范法、演示法、保护法与帮助法、视听引导法
以身体练习为主的体育教学方法	分解法、完整练习法、领会教学法和循环练习法
以探究活动为主的体育教学方法	发现法和小群体教学法
以情境和竞赛为主的体育教学方法	运动游戏法、运动竞赛法和情境教学法

第六章

核心素养视域下
高校体育教学课程改革研究

第一节　高校体育课程改革的实践

当前阶段的大学体育课程项目设置呈现出多样性的特征,课程项目的设置也让学生体验到了更多的体育趣味性。传统观念下的体育教学已经不符合学生的学习需求,也不能满足学生的素质需要。因此,新时期必须做好高校体育课程教学的改革工作。

一、高校体育课程改革的时代要求

当前我国已经步入全球化发展的行列中,对人才的需求日益提升,对教育质量也提出了更高的要求。为了能够适应未来的发展需求,必须做好高等教育工作,对其进行改革与实践。体育学科需要按照自身的特点进行教学,传统的体育课程形式已经不符合高校体育教育的需要,那么就需要教师改革创新教育教学理念,改革教育教学方法,让高校体育课程符合社会的需要,满足学生的需要,做好学生人格培养工作和强身健体训练,并且最终让学生成为综合发展的人才。新时期为了做好人才储备工作,必须着眼于学生的身体技能、身体素质、体育文化、体育精神以及终身体育思想和自我锻炼习惯等,让学生的锻炼习惯可以在逐步学习中展现出来。在高校体育课程改革的进程中,每一所学校都应该争取起到榜样示范带头作用,促进改革目标的实现。

二、高校体育课程教学改革的实践与走向

(一)高校体育课程教学改革的实践分析

首先,应合理科学地设置高校体育课程。高校体育课程的设置要考虑多个方面的问题,大学和中小学的情况不同,因此还需要按照大学生的运动能力、运动兴趣和运动水平合理地设置体育学科,实施分层次体育教学。例如,基础课程和选修课程双管齐下,基础课程可以让学生具备基本的体育训练技能,选修课程可以不断地强化大学生的体育意识,还可以做兴趣爱好的输出,给学生的兴趣爱好释放机会,如有些学生喜欢篮球、足球、游泳、健美操等。因此,按照学生的兴趣爱好开展选修课程可以更好地实现学生个性化的成长。体育选修课程的选择可以帮助学生提升体育训练的自信心,增强自主学习的能力,也让大学生重新审视体育学科,使体育学科发挥其作用,改变以往的体育训练枯燥乏味的问题,更能够追赶时代的教育潮流。

其次,教师应丰富体育授课的内容。体育授课内容在很大程度上决定了体育教学的效果和质量,教师在教学时需要将体育学科和学生的现代化生活更好地结合在一起,只有学生对身体健康重视才可以更好地提高体育锻炼的有效性。内容上教师要从技能训练、健康训练、精神训练入手,让学生避免在大学期间产生肥胖的现象,学会如何健康地饮食,健康地生活,养成良好的生活习惯。体育课程教学中可以试试学生自主选项学习,如篮球项目、长拳项目等。不同的项目给学生带来的感受不同,在这里教师可以按照单元项目给学生做好体育编排工作,合理使用身边的资源,充分发挥出体育学科资源的优势。

最后,应关注大学生的个性化发展。体育学科教学是以学生为主的一种教学方法,因此更为重视学生的个性发展,让学生成为新时期体育教学的主人。体育授课将知识和技能以及情感集合在一起,激发学生对体育学科的学习欲望,让学生真正地喜欢上体育。高校体育教学改革过程中,大学生的体育精神培养是不可或缺的,教师可以带领学生观看各种比

赛,还可以组织学生进行户外体育运动,改变学生单纯的体育认知。将体育教学加入体育活动的实践当中,才能让学生真正地感悟体育精神,也才能让教师更好地取得体育教学的成功。

(二)高校体育学科教学改革的方向

首先,体育教育思想的方向转变。大学生的体育健康情况一直受到社会的关注,青少年的身体健康情况是社会建设的主要组成部分。所以在大学这个平台上,体育教学一定要进行改革,让学生的身体健康处于重要的地位,不断地强化学生的体质培训。因此,传统的体育学科教学观已经不符合体育学科的需要,在改革的方向上必须树立起新的思想,让学生逐步养成良好的运动习惯。对此,教师可以精心地设计课程,让电子体育竞技和传统体育竞技相结合,真正地实现脑力活动和体力活动共同运用,为学生主体服务。

其次,体育教学模式的创新。体育教学模式的创新是体育教学过程中的关键一步,因此教师必须创新教学理念,创新教学方式,激发学生的主体性和积极性,还需要不断地强化学生的思想,让学生身体力行。教师拓展体育教学,可以将信息技术和体育学科融合在一起,做好团体教学设计,这样才可以弥补传统体育教学中的某些不足,改变学生对传统体育的认知。

综上所述,大学体育课程教学的改革可以改变传统教学弊端,将阳光体育和健康体育融入学科之中,创新学科设置,让内容更加丰富,教师的教学方法也得到了创新,因此自然可以提升教学质量。

第二节　高校体育理论课程教学体系的构建

2002 年,我国针对高校体育教学专门颁布了《全国普通高等学校体育课程教学指导纲要》,这个文件的颁布具有划时代的意义。它不仅针对体育教学内容、体育教学目的、体育课程设定做出了科学的规定,也在体育教学方法探索、教学教材选择、教学资源开发方面给了高校很大的自主权。

一、高校体育理论课教学体系构建的依据

1.从《纲要》规定的教学目标产生的依据

21世纪初颁布的《纲要》有一个显著的特色,那就是它将课程目标一分为二,按照阶段来予以划分。低年级的学生(大学三年级以下)主要按照基本目标来展开教学,高年级的学生则主要按照发展目标进行体育学习,需要注意的是包括研究生在内的所有学生都要遵循发展目标。这两大体系优势互补、互相推进,都是新世纪目标体系中的重要组成部分。同时,《纲要》还对这两个体系中的每一个具体目标进行了剖析,这不仅是对课程目标设定的进一步探索,还具有很强的实践意义。这一目标充分彰显了体育理论教学的基本内容、发展方向等方面的优势,所以,在进行体育理论教学有关方面的研究时,必须严格按照《纲要》的具体要求来展开。

2.从《纲要》规定的教学内容、课时数产生的依据

《纲要》明确对理论课与实践课所占的比例进行了划分,按照要求,体育课程中理论课的比例不得低于总课时的10%。假如一个普通高校的学生在大学两年的总课时是14课,那么按照比例计算不得少于16课时。从过去的实践经验来看,高校体育理论教学的重点都集中在技巧传递和技能掌握方面。虽然《纲要》对体育课程比例有所规划,但是理论课方面并没有对"怎样教"展开进一步探究。总体来看,体育理论课被忽视的问题大量存在。我们要广泛借鉴研究成果、实践经验,结合实际措施改革。这既符合《纲要》规划的总目标,也充分体现了"终身教育"的理念,对大学生的身心发展具有极其重要的意义。

二、高校体育理论课教学体系的构建

要想促进学生对于体育基础内容的掌握,推动体育品德的养成,最重要的一个步骤就是推动体育理论教学体系的不断完善。将基本知识传达给学生,促进他们培养良好的体育素养,坚持科学的生活方式,养成规律

的生活习惯,这能使学生终身受益。只有将这些理念真正地灌输给学生,学生才能重视自身的健康,看到体育带给自身的切实利益,逐步养成健康的体育观念,推进自我素养的提升,以自觉的态度进行体育健身。由此可见,体育理论课具有无可替代的重要意义,其重要性丝毫不亚于实践课程。

体育理论课程模式的探索应该在科学的指导下实现,这一指导思想应当充分考虑到学生的生理和心理特征,要能产生促进学生真正认识理论课程重要性的意义,进而寻求适合自己的运动方式。大学生在生理与心理方面都处于一个过渡的阶段,所以体育理论课要凸显阶段性特色,按照科学的步骤展开。其一是从比赛胜负的视角切入,对学生的体育兴趣予以挖掘;其二是促进体育行为通过锻炼处方的刺激而产生;其三是在身体体能评价的基础上,探索科学化的体育教学模式。

三、高校体育理论教学体系教育阶段的理论分析

1. 从体育竞赛欣赏切入产生的理论基础

大一学年的第一学期是体育教学的第一阶段,主要的教学内容是引导学生欣赏竞赛。其中心目标就是按照美学的基本要求,通过观看竞赛中竞技者的表现,体会运动与人体的魅力。当然,也可以通过视频播放、观看体育节目、聆听极具感染力的音乐,加之老师全方位的讲解,让学生体会到真正的美。这样一来,学生会不由自主地进行美的选择,学生的个性自然就能被激发出来。所谓美的教学,就是要在符合学生身心发展特点的基础上,培养他们选择自己所需的能力,体育理论教学的目标亦是如此。这一时期充分体现了大学生的个性化心理特色。

2. 从竞赛胜负判定奠定理论的学习兴趣

大一学年的第二学期是体育教学的第二阶段,教学的主要内容是判断比赛的胜负。其中心目标就是在了解竞赛基本内容的基础上掌握不同项目所体现出的特色,然后予以评分。感受裁判员在紧张激烈的竞赛程序中是怎样捕捉每一个转瞬即逝的时刻,然后予以迅速应对的。这一阶段的教学目的是让学生获得科学的判断胜负的方式。除了理论传递之

外,比赛胜负的判定也是教师需要教的一个重要内容。此外,还要让学生对裁判工作有所了解,激发他们的学习欲望,提升裁判的判断素养。

3.制定体育锻炼运动处方养成锻炼习惯

大二一整个学年是体育教学的第三阶段,其中心目标就是完成运动处方的教学。核心就是在终身教育观念的引导下,对于与健身有关的内容进行深入的了解,对运动形式有更准确的把握。借助于色彩、音乐、图像等对人的感官产生的刺激作用,激起学生感受美的欲望,将美看作是一种情感体验,进而正确认识健身运动处方的目标对象是广大普通人,这也是保证其健康的一种重要策略。还要让学生意识到,健身运动处方涵盖面甚广,囊括健身类型、健身强度、健身时长、平均频率、最高完成数量、时间间隔和特殊事项等。其总体设定遵循的是以人为本的理念,将促进人的健康发展放在体育教学的关键位置。就理论的视角而言,它提升了学生的体育参与度,也让他们更积极地接触体育理论,从而使实践能力得到了提升。

第三节 高校体育学科的目标教学与课程的创新

一、目标教学的概念与特点

1.目标教学的含义

目标教学是以教学单元为控制教学过程的基本单位,以教学目标为中心来组织教学活动,以异步教学为教学活动的基本组织形式,以可控变量作为优化教学活动的着力点,以教学评价保证教学活动有效运行的教育教学新体系。[①]

2.目标教学的特点

目标教学强调"目标意识、情感意识、参与意识、反馈矫正意识、学法意识"为其教学特点。

---

① 欧枝华.新时期高校体育教学及其课程体系改革研究[M].北京:中国纺织出版社,2020.

3.目标教学的导向

通过目标教学实现三个根本转变:课堂教学由教师中心向学生中心转变;由知识中心向能力中心转变;由为掌握而学向为发展而学转变。

二、对目标教学基本课堂教学结构的认识

1.要素结构

目标教学的课堂教学要素包括三部分:教师、学生、认知信息。

2.行为结构

目标教学的课堂教学,围绕每一个明确具体的教学目标,重点调控影响教学效果的三个变量(认知前提、情感特性和教学质量),充分运用检测—反馈手段,采用群体教学与个别教学相结合的形式,构建了课堂教学的行为结构。

3.程序结构

目标教学大致包括四个环节的程序结构:前提测评—认定(展示)目标—达标导学(实施目标)—达标测评。

三、关于目标教学的功能

1.导向功能

导向功能是教师选择教学具体内容,运用教学方法、教学策略、教学媒体及调控教学环境的基本依据。

2.激励功能

目标教学是激发学生探索欲望,引起学习兴趣,进而转化为积极参与教学活动的动力,实现由不知到知,由不能到能的矛盾转化。

3.调控功能

课时教学目标制约着教师"教"的行为,也制约着学生"学"的行为,对课堂教学的设计和实施起着调控作用。

4.评价功能

教学目标把教学大纲具体化、教学内容明晰化、能力要求层次化。科学的教学目标,有利于学生素质的全面和谐发展,有利于充分发挥学科的

素质教育功能,有利于体育教学质量的全面提高。

四、实施目标教学的几点体会

(1)目标教学中,每个单元教材连续授课,这种形式从运动心理学的角度来看,对大脑感知学过的动作技能有相当大的帮助,更有利于运动表象的形成。

(2)教学目标是课堂教育教学的起点和归宿,因此,课时教学目标必须制定得准确、合理,一般应遵循以下几个基本原则:

①科学性:教学目标要依据教学大纲和教材,遵从学生的认知规律和心理规律,把知识的获取和能力的培养有机结合起来。

②具体性:教学目标要制定得具体、清晰,使学生目标明确,有的放矢。

③层次性:课时教学目标应当是分层次的、递进的,使不同层次的学生"蹦一蹦"摸得到、"跳一跳"够得着,保护学生的学习积极性,发展学生的个性。

④可测性:教学目标的编制要便于测试和评价,可操作性要强。

(3)使用教学目标需注意的问题:

①教学大纲的总体教学目标、单元教学目标和课时教学目标是同一整体系统中的不同范畴和层次的要求,是一个统一的整体,教学中应把三者有机地结合起来,完成教学目标与任务。

②体育教学中的知识、实践操作和思想品德教育目标是一个辩证统一的整体,是在同一教学过程中逐步达到的目标,是教学中有机的整体,应全面、同步、和谐地发展。

(4)教学过程中应重视反馈与调控手段的运用。我们的做法是:课前展示目标,使学生明确目标,激励学生达标;通过前提测评了解学生的基础,便于分层次教学;在达标导学过程中及时反馈和纠正,帮助学生达标测评后,应提出具体的改进措施和要求。以上各环节都是紧扣教学目标而完成的,通过教学中的多次反馈、矫正,来实现教学效果与教学目标的统一。

（5）以教学目标为主线，充分采用"启发式"和"讨论式"的教学方法，增强学生的参与意识，努力实现由教师中心向学生中心的转变。

①在课堂教学过程中，教师应针对教学目标设疑激趣、设疑激思，鼓励学生讨论，变学生"被动学习"为"主动学习"，变"要我练"为"我要练"。

②注重学法指导。指导学生学会观察、分析动作技术，学会思考问题，引导学生多了解、掌握一些卫生保健常识、动作技术形成的规律、练习方法、易犯错误及纠正方法，从而提高学生的创新能力，为终身体育奠定基础。

③变革教学手段，创新、运用教学媒体。简便实用的教学手段，丰富直观的教学媒体，有利于学生自我反馈和自我评价。

④适时分层教学。因为学生间存在着个体的差异，所以在教学中应因材施教、因能施教，按学生的体能分组，针对不同学生采用不同的教学手段和学法措施。对学生有共同的基本要求，也有不同的因人而异的目标，课堂上"学生吃得多的多给，吃饱为止""吃得少的少给"，保证学生"吃得饱"和"吃得了"。

⑤采用以表扬为主的方法，及时认定学生的成绩，热爱学生、信任学生，让学生积极参与教学效果的评价。

⑥注重师与生、生与生之间的情感交流，努力营造一个宽松、愉悦的学习氛围。

（6）体育目标教学应注重与其他学科知识的联系。

（7）目标教学要及时对学生进行思想品德教育和行为规范的培养。

五、设计新颖的体育课方案

"创新"不同于发明，并未改变事物的本质，只是对构成事物的基本因素进行一次新的组合，从而显现出新的特点和功能。同一教材、同一年级、不同学校、不同任课教师可上出许多不同特点的体育课，就是因为构成课的基本因素可以被多种方式组合的结果。

1.教学目的

体育学科的教育、教学功能是多元的，但具体而言，其教学目的必须恰当定位,不可能做到面面俱到。"位"由教师而定,依据则是大纲、教材和学生教学目的的定位,犹如建房搭起架构,对课的具体化、形成特点起着提纲作用,对构成课的其他因素的调动、组合产生影响。例如"耐久跑"教材,由于教学目的的定位不同,课程就有不同的特点。

2. 作业条件

作业条件包括运动场地、设施、器材等,气象因素也不应忽视。不利的作业条件对其他因素会产生制约作用,如一些教学方法、手段难以运用,一些组织形式不能实现。体育教师还应重视"小环境"的设计和创造。例如:充分利用小场地,以实现容量大的教学;常自制代用器材,以弥补不足;常针对某特定条件赋予情境内涵,使作业条件产生超值效应,以取得更好的教学效果。

3. 教学方法和手段

通过什么媒介可以使由文字或图形反映的体育教材转化为学生生动的体育行为? 这就是方法和手段,这是诸多教学因素中很具体又很活跃的部分。方法、手段已有许多前人积累,可借鉴,但运用时绝不可照搬,目的性、针对性是教法、教学手段选择的重要准则。例如"背越式跳高"教材,有的教师选择由低高度向上走的教法,而有的教师则选择由跳高垫逐渐下落的方法进行,如此大的反差却同样都可能成功。

4. 组织形式

课的组织形式应是不拘一格的,但应有利于教学过程。如能充分利用作业条件,将有利于教学方法和手段的运用,有利于调动学生的情绪,有利于群体和个体都得到表现,有利于课的整体效果。组织形式应针对不同的教材和学生的特点有所变化、有新创意,使学生在相应的氛围中感受到课的文化含义。

当上述因素分别以不同的形式组合在一起形成一种新的关系时,一节新的课例设计就算完成了。但这一课例在实施时能否取得最佳的效果,还要依靠于教师能力的进一步表现,例如行为、情感投入、应变能力、幽默、风趣等。

体育课创新设计的动机源于教师对教材和学生有更深入的认识,以及强烈的批判和创新意识;体育课创新设计能否有所突破,取决于教学目的定位的合理以及对相关因素变革和重组的成功;体育课创新的实施效果还有待于教师能力的更充分表现。

六、隐性体育课程及其教育设计

1.隐性体育课程的概念

"隐性体育课程"是相对于"显性体育课程"而论的,即指学校范围内除显性体育课之外,按体育教育目的及其具体化的体育教育目标进行设计的校园体育文化要素的统称。其含义为:

(1)隐性体育课程属于学校体育文化,是学校中除显性体育课程之外的所有体育文化要素。

(2)隐性体育课程较偏向于非学术性,但它并不完全排除学术性的内容,例如课外体育活动、体育科普读物、体育宣传等,其内容明显具有学术性。

(3)隐性体育课程必须是有目的的规范设计的。它作为体育课程的一部分,应有明确的目的指向性,其作用范围和施加影响必须按照一定的体育教育目的和培养目标进行规划设计,使之处于意图性和预期性的状态。只有这样,才能称为隐性体育课程。

2.隐性体育课程的作用

合理有效地进行隐性体育课程的教育,对于贯彻素质教育,提高体育教育效果具有重要的作用。

(1)通过实体性和非实体性的学校体育文化、学校体育精神给学生传授体育思想、体育价值观念,激发学生的体育学习动机,提高学生的体育学习积极性。

(2)多渠道地给学生传授体育知识、技能,全面提高学生的体育素质和健康水平,弥补显性体育课程的不足。

(3)促进学生形成良好的体育锻炼习惯,建立健康的生活方式,为学生形成终生体育锻炼的行为奠定基础。

(4)培养学生的心理品质,特别是培养学生的性格、气质、动机、爱好、情绪等非智力因素,促进学生人格的全面发展。

3.隐性体育课程的教育设计

隐性体育课程要有效发挥其固有的功能,不能是随意的或自发的,而应在分析与掌握隐性体育课程的构成要素的基础上,按照一定的教育设计原则进行科学、合理的教育设计。

(1)隐性体育课程的构成要素

隐性体育课程即校园体育文化的构成要素,主要应包括如下内容:

①按照体育教育目的及其具体化的体育教学目标选择的不指向体育学科内容的实体性体育精神文化,包括学校图书馆的体育类图书、报纸、期刊,以及由社会传入学校,经教师指导、选择的体育图书、报纸、期刊等。

②按照体育的教育目的及其具体化的体育教育目标创造的非实体性的体育精神文化。一是体育制度文化,主要包括学校的有关体育规章制度、体育管理体制、教师的体育道德规范、师生的体育活动行为要求等;二是非制度体育文化,包括学校领导对体育教育、体育活动的认识和重视程度,对体育教育的工作方式和工作作风,教职员工的体育意识、体育价值观念、体育锻炼行为方式,以及体育活动的风气与习惯等。

③按照体育教育目的及其具体化的体育教育目标建设的学校体育物质环境构成的体育物质文化。校园体育物质文化包括学校体育场馆建筑、布局,学校体育的设备条件,体育雕塑、体育宣传标语、条幅,师生的体育运动服装等。在隐性体育课程的构成体系中,校园体育的物质文化和实体性体育精神文化都是有形的,而非实体性的体育精神文化是无形的,隐性体育课程的结构就是有形和无形的多种体育文化要素的有机结合。隐性体育课程的三大要素之间相互渗透、相互影响、相互促进,形成结构复杂的体系。

(2)隐性体育课程的设计原则

①一体化原则:设计时,必须考虑学校、社会和家庭三种环境对学生的多种影响,把多项因素统一起来进行一体化设计。

②协调优化原则:构成隐性体育课程的因素是复杂多样的,在设计时应将各种因素合理组织安排,使之协调一致,处于优化的状态。

③增强特性原则:为了更好地形成特定的学校体育氛围来对学生施加影响,以达到预期的目的,应有意通过增强或突出隐性体育课程中的某些特性,因人、因事、因地、因时做出安排与调整。

④适应性原则:应充分考虑不同年龄阶段学生的身心发展特点和需要,融娱乐性、思想性和知识性为一体,促进学生的身心全面发展。

⑤控制转化原则:设计时,应对各种外来的体育信息进行有效的控制和正确的引导,消除不利因素,强化积极有利的因素。

⑥因校制宜原则:设计时,应根据学校的客观条件,因校制宜,充分发掘和利用学校自身的优势,设计适合本校实际情况的体育隐性课程。

七、教师如何当好体育课的导演

体育课上的气氛是学生在体育课中情绪情感等心理特征的综合体现,它与课上的教学内容、教学方法以及教学条件有着十分密切的内在联系。当教学内容符合学生的特点(包括学生的年龄、性别、生理、心理特点),教学方法就能够激发学生的练习兴趣。教学条件完备,学生学习的情绪就高,收效也就大,这时体育课上就容易形成生动活泼的气氛,而生动活泼的气氛是提高体育教学质量的重要因素。由于形成体育课堂气氛的因素是多方面的,且课堂气氛受教学内容的制约,它是在教学过程中形成的,是比较客观的,所以要想人为地控制课堂气氛,使体育课上呈现出生动活泼的局面,就必须找出形成课堂气氛的各种因素。要做到这些,体育教师可从以下几方面入手:

1.要善于调整变换课堂气氛的节奏和韵律

根据我国体育课堂的结构(四个部分),在课堂开始时可安排游戏式的小型比赛,来活跃课堂气氛。这类提高兴奋性的活动,时间不宜过长,运动量也不宜过大,只是为了提高学生上课的兴趣和适应性。当进入体育课的准备部分后,应把重点放在徒手操上。徒手操不单是为基本部分的内容做好准备活动,它是一种全身性的活动,锻炼价值比较高。教师应结合学生的年龄、性别、生理和心理的不同特点以及教材的内容,认真编写徒手操或其他准备活动的内容。编排要富有趣味,以提高学生的兴趣,活跃课堂气氛。当然,还要具有一定的生理负荷量,来适应基本部分的需要。基本部分是体育课的主要部分,因此课堂气氛也应随运动量的增大而逐渐热烈。

当体育课的运动量达到最大时,其课堂气氛也应最为活跃。当体育课进入结束部分时,应辅之以放松性的练习,多做些协调放松的游戏性活动。这样不仅能缓解课上造成的疲劳,同时还能为下节课的活跃气氛打下基础。根据体育课的结构和教学内容,一堂课的活跃气氛最好出现4～5次,基本部分的气氛为全课的高潮。

2.体育教师应掌握心理学知识

体育锻炼的动力是由学生的动机引起的。[①] 它的心理成分一般包括学生对体育锻炼的认识(即形成学生间接动机的主要因素)和对体育活动的兴趣(即形成学生直接动机的主要因素)。学生学习的直接动机的形成主要依赖于兴趣。比如,当学生看到在教师的带领下一些学生正在高高兴兴地进行游戏或比赛时,会使他们情不自禁地产生与之一起学习或一起活动的要求,即直接的学习动机。这种动机是暂时的,一旦满足了学生的暂时需要之后,就会消失。教师要利用这种暂时的学习动机,在学生进行感兴趣的活动的同时,对他们进行体育锻炼的目的性教育。当学生了解了体育锻炼的好处,就会更加主动地进行体育学习与锻炼,那种暂时的直接的学习动机也会转变成间接的学习动机。根据学生不同的兴趣、爱好,教师可以采用各种方法激励学生克服困难,增强学习的信心,使其掌握一些难度较大的技术动作。根据心理特征的形成和发展的规律,教师可针对学生不同的特点进行品德教育,帮助学生形成良好的个性特征,克服不良的个性特征。总之,教师掌握心理学知识,摸清学生在体育课上的心理特征与变化规律,会使自己掌握教学的主动权,有效地控制课堂气氛,为提高教学质量创造十分有利的条件。

3.灵活运用多样的教学方法和手段

体育教学中采用的教学方法,应根据学生的特点而定。一般来说,让

---

① 罗兴海. 教学的反思与探究[M]. 西宁:青海民族出版社,2008.

学生用固定方式练习传接球,就不如用活动的方式传接球的兴趣浓厚,学习单一动作就不如学习联合动作积极,让学生在弯道上进行弯道跑技术的练习就不如以十字圆周接力的游戏方式练习弯道跑技术的积极性高。总之,当教材内容固定后,教师要努力研究教学方法的多样性。多样的教学方法不仅可以激发学生学习的兴趣,使体育课的气氛生动活泼,而且能有效地促进学生身体的全面发展。

4. 教师要充分发挥自己的主导作用来调动学生上课的积极性

(1)教师在课上的言行要有鼓动性和启发性。

(2)教师的表扬与批评要适度。

(3)教师的表情及口令要富于感染力。

八、在体育课堂开设"超市"

在体育教学中,如果教学的要求相对统一,学生对教学内容的掌握情况相对一致,那么,采用完全整齐划一的集体授课形式,效果比较明显。问题是,体育教学的课堂教学要求并不总是整齐划一的,学生学习或复习某些教学内容的时候,其准备状态和已有基础也并不完全一致。这种情况下,课堂教学就应该在集体教学的背景下,教师向学生提供足够多的"超市货物",充分发挥学生的主体性,让学生自主地选择学习的内容、方法、步骤。学习动作的一般步骤是教师先示范、讲解动作要领,学生按照教师的要求、步骤去练习,然后,教师再去纠正学生的错误动作。这种传统的教学步骤,使得教师主宰了整个课堂,而学生自主学习的权力则相对被剥夺了,学生的个性,特别是创新思维的发展也在一定程度上被扼制了。那么,在学习动作阶段,是否可以开设一个"超市"呢?回答是肯定的。例如,一位教师在引导学生学习接力传接棒技术时,只提了这样一个问题:"大家思考并且实践一下,在迎面和同向接力中,怎样交接才能做到既快又稳呢?"它给了学生一个比较宽松的自主选择的范围,能诱发全体学生参与学习的积极性和创造性,从而使一个人人都能参与、个个都乐于参与的课堂教学新格局得以形成。其间,教师的主要任务只是对学生的理解和感悟做出相应的启发、指导和帮助。事实证明,开设这样的"超市"，能够引发学生积极主动地思考，充分发挥学生的想象力，发展学生的创造性思维。

在复习课的教学中，我们发现复习动作对学生来说，并不全是没有掌握动作方法。有的学生已经会做，而且也做得比较好了，但是在实际的教学中，许多教师往往会忽略这一点，而采用"一刀切"的形式进行教学，让全班在同一起跑线上，按照一定的程序进行复习。殊不知，如此教学不仅会浪费时间，还会使学生感到索然无味。但如果在教师引导之下，在课堂中开设"超市"，让学生自主选择学习的内容，各取所需，这样不仅把有限的课堂教学时间还给了学生，还激发了学生自主学习的热情。

体育课的素质练习，一般都是教师安排某一固定的练习项目。如：练习上肢力量，学生一起做俯卧撑多少个；练习腰腹力量，学生一起做仰卧起坐多少个；等等。这样教师忽视了学生之间的个体差异和学生的兴趣爱好，学生没有选择的余地。因此，可以这样安排：教师选择多种训练上肢力量或腰腹力量的项目，让学生从这几个项目中任选一个项目进行练习，运动量以达到自己最大强度的百分之多少来确定。学生选择自己喜爱的练习项目进行练习，运动量由自己掌握。学生自己从"超市"中选择内容，其练习的兴趣将会大大提高。

体育课的准备活动是体育课必不可少的一部分，一般都是由教师带领学生去做，形式单调、内容枯燥。学生常常对其中的内容不感兴趣，教学的效果往往不佳，同时也影响了学生整堂课的情绪。对此，可以设立一个"超市"，让学生根据本课的教材内容、教学目标，自由地、有针对性地选择内容、方式进行练习。如：让学生自由选择准备活动的内容（徒手操、游戏等）；打破固定分组的形式，学生自由组合进行练习；自由编操，自己喊口令；等等。这样不仅可以调动学生学习的积极性，还能提高学生练习的兴趣和锻炼的实效。

体育课的结束部分，学生的生理和心理都已疲劳，但每个学生的疲劳程度却不尽相同，如果教师还硬要学生按照统一的动作进行放松整理，那就不一定是放松了。教师在课的结束部分，可以安排一段音乐，让学生根据音乐（或不根据音乐）自由放松，可以采取单人、双人、多人、男女混合等多种组合,选择多种练习的内容。学生在这样的环境下,才能获得真正意义上的放松。在课堂上开设"超市",不能简单地理解为在体育课中给学生安排一定的自由练习时间,或放手让学生自己去练,学生爱怎么练就怎么练,更不是要重新回到"放羊式"教学的老路上去,而是适应现代教育要求采取的一种新的教学模式,强调学生的主体作用,绝不是要降低教师的主导作用。教师在上课前一定要吃透教材、吃透学生,精心安排教学内容,设计教学程序。在上课时,要注意对学生进行启发、诱导和点拨,并鼓励学生能大胆地去选择、去发现、去感悟。只有这样,学生的主体作用才能真正地得以发挥,才能真正体现健康第一的指导思想。

第七章

核心素养视域下 高校体育教学评价研究

第一节　高校体育教学评价概述

近年来,随着高校体育教育改革的不断深入,体育教学评价的改革也越来越受到人们的重视。体育教学评价是教育评价的重要组成部分,是依据既定的体育教育目标,通过有效运用评价手段和技术,测量、分析并比较体育教学活动的过程及结果,进而给出价值判断的过程。体育教学评价的目的是更好地对体育教学工作进行宏观调控,更加科学地对体育教学工作进行管理,进而促进体育教育的发展。

一、高校体育教学评价的原则

高校在进行体育教学评价时,只有在坚持一定原则的基础上进行科学评价,才能真正实现体育教学目标。

(一)全面性原则

在高校体育教学中,教学系统是十分复杂的,教学任务是极其多样的,体育教学的质量能够从不同的侧面得到反映。因此,在进行高校体育教学评价时,应坚持全面性原则,对教学活动进行多角度、全方位的评价,以切实促进体育教学质量的提高。

(二)实践性原则

高校体育教学是一门有着很强实践性的学科,而且体育的能力、水平和素质最终要体现在实践活动中。一般来说,这种实践活动包含体育身体素质、体育技术水平、体育兴趣和体育爱好四个层面。因此,在进行体育教学评价时,应该在实践活动中进行,并对实践活动的四个层面都给予关注。

(三)科学性原则

高校体育教学评价的结果要想拥有实际的意义,就必须在进行体育教学评价时坚持科学性原则,以客观规律为依据,科学选择评价方法、标准及程序,同时要力避经验式和直觉式的教学评价,一切结果都要有科学依据。

二、高校体育教学评价的特征

高校体育教学评价有着自身独有的特征,正是这些特征使高校体育教学评价促进体育教育的发展。

(一)评价内容的全面性

高校体育活动的效果是综合各种体育活动后的效应。因此,在进行体育教学评价时,要对教学内容进行全面性的评价。

(二)评价目标的发展性

高校体育教育目标是一切体育教学活动的出发点和落脚点,集中体现了体育教学主体的价值观念,也是进行体育教学活动成效评价的重要依据。而伴随着社会经济的发展以及思想观念的变化,体育教学目标也会有所发展和变化。因此,在对体育教学进行评价时,要针对发展的体育教学目标进行评价。

(三)评价主体的多元性

在高校体育教学评价中,教师和学生作为评价主体已摆脱了以前那种消极的被评价的状态,开始主动参与到体育教学评价中来。而且,体育教学评价不应只是教师和学生间的互动,学校、家长以及社会也应该参与到这个评价过程中来,使之成为多主体共同参与的活动。

(四)评价方法的过程性

在高校体育教学评价中,评价方法不再将体育教学结果作为唯一依据,而是将重心放在对学生体育学习过程的全程跟踪与考查上。教师开始注重学生学习的全过程,对其学习过程中的进步与发展给予更多关注,并及时予以评价。

三、高校体育教学评价的内容

高校体育教学评价的内容主要有以下几个方面:

(一)高校体育教师对体育教学过程的评价

在高校体育教学评价中,教师通过运用一定理论与实际方法对体育教学过程与教学结果进行评价,包括"教师对自己教学情况的自我评价"和"教师之间的相互评教活动"两种形式。

(二)高校体育教师对体育学习过程的评价

在高校体育教学评价中,教师对体育学习过程的评价在体育教学评价体系中处于主体地位,主要的评价对象是学生,包括"教师在学习过程中对学生的激励评价"和"教师对学生体育学习结果的成绩评定"两种形式。

(三)学生对体育教学过程的评价

在高校体育教学评价中,学生对体育教学过程的评价越来越受到人们的重视,包括"学生在学习过程中对教师教授内容的随时反馈"和"有学生参与的评教活动"两种形式。

(四)学生对体育学习过程的评价

在高校体育教学评价中,学生对体育学习过程的评价在新的《体育与健康课程标准》中得到了高度重视和提倡,包括"学生的自我评价"和"学生之间的相互评价"两种形式。

(五)其他评价

在高校体育教学评价中,其他评价主要指的是除教师和学生以外的其他人员对体育教学做出的评价。

四、高校体育教学评价改革的趋势

通过以上内容的介绍，就可以得出高校体育教学评价改革的趋势。

(一)高校体育教学评价由单一向多元化方向发展

高校体育教学与其他科目教学相比，在课程体系结构、授课方式以及实践等方面都存在着很大的不同，而且学生个体在体育素质方面也有着非常明显的差异，这就使得单一的体育教学评价无法保证评价结果的真实性以及准确性。因此，只有将多种体育教学评价的方法综合起来进行运用，才能使教学评价的效度和信度得到提高。

(二)高校体育教学评价由重视评价结果转向重视评价过程

从当前高校教学改革的趋势来看，对教学和学习过程以及学生实践能力和创新精神的重视成了人们的共识。而且，随着体育教育观念的深刻变化，高校不但重视传授体育知识和技能，而且更加关注学生的个性发展、创造精神和能力；更加注重对体育理论和技能的贯通以及对体育学科知识和其他学科知识的融汇；更加注重体育知识的运用。因此，体育教学的评价需要与这种转变相结合，从重视评价结果向重视评价过程转变。

第二节 高校体育教学评价体系的构建

在我国各级教育模式中，体育一直是其中的重要组成部分，并且，在人才培养的指标体系中，体育素质的高低是衡量学生综合素质的关键要素之一。为了适应时代发展需求，高校教育教学(包括体育教学)正在不间断地进行着各种各样的改革甚至变革，目的是使学生的专业知识、身心水平、创新程度能够达到社会的预期，实现人才培养的目的。高校体育教学处于学校体育教学的最后阶段，它不仅关系到学生身心素质的整体提升和素质教育的全面推进，还关系到全民健身活动的实施和高等教育人才培养的质量。但是,长期以来,由于历史和社会诸多因素的影响,高校体育教学工作远未得到社会的普遍认可。为此,高校除了需要在体育教学资金投入、人才队伍建设等方面加大支持的力度外,还应对教学工作的过程和结果进行必要的评价,发现其中存在的问题,寻找改进的方向。

一、构建高效体育教学评价体系的理论基础

(一)行为目标评价理论

在西方现代教育评价史上,行为目标评价理论是第一个产生了重大影响的理论。该理论采用"结果参与"的模式,将教育方案、计划和目标直接传递到学生层面,通过学生的成绩表示,进一步将这种"行为目标"作为教育评价的主要依据。其具体实施过程是,由教师制定出具体的教学目标,将其与教学结果进行比对,并在这一过程中对教师的教学行为进行调整,使两者最大限度地保持一致。从这个角度讲,行为目标评价理论的评价目的是十分明显的,即通过对实际教育活动结果的确定,达到预期的教育目标。

(二)人本管理理论

该理论从心理学的视角出发,将得到尊重和获得自我实现看作人类行为中最基本和最持久的动力。个体的心理趋向得到了尊重和重视,才能激发其主体性,促使其积极主动地参与社会活动,并在这一过程中,逐渐地实现自身的价值或者行为的价值。高校体育专业的教师和学生都希望通过对体育教学过程和效果的评价,发现自身行为是否符合组织的要求,由此来开发潜能,明确自身的需要与组织目标之间的关联,继而完成自我价值的实现。

(三)加德纳多元智力理论

体育教学评价体系需要根据时代的要求进行动态调整,多元智力理论便是重构该体系的重要基础。加德纳多元智力理论认为,任何个体都能够同时拥有多个(多种)相对独立的智力,且其组合和表现形式因个体

差异而不同,不同个体的智力也就具有了不同的特点。为此,体育教师应从不同视角出发,通过对学生多个方面的观察和分析,对学生的优缺点进行综合评价,并以此为依据,促进教学水平的提高。因此,在交流与合作,强化师生之间的角色互演,达到教学相长的目的。这一理论的提出在当时的西方乃至今天的世界各地都产生了深远的影响。

二、高校体育教学评价体系的关键组成要素

为了获得高校体育教学评价体系组成要素的关键信息,相关专家对该问题进行了专题讨论,通过头脑风暴的形式,最终确定了学生、教师、教学管理和教学环境四个关键组成部分,并对二级指标以及相应的权重进行了分配,构建了高校体育教学评价体系的层次结构,如表7-1所示。

表7-1 高校体育教学评价体系的层次

一级指标		二级指标	
指标	占比	指标	占比
学生	0.3	学习能力	0.12
		运动兴趣	0.06
		运动水平	0.12
教师	0.3	教学技能水平	0.09
		教学组织水平	0.09
		学生满意水平	0.12
教学管理	0.2	对体育教学的重视程度	0.10
		对体育教学的投入水平	0.10
教学环境	0.2	物质环境	0.08
		社会心理环境	0.12

(一)学生

学生是高校体育教学评价体系的关键群体之一,对其进行的评价往往要从以下三个方面展开——学习能力的强弱、运动兴趣和运动水平的高低。学习能力主要表现在对体育课程的理解能力、对教师示范动作的模仿能力、对体育技能的应用能力等;运动兴趣主要表现在对运动的整体态度(喜欢、一般还是排斥)、对特定运动项目的接受程度、习惯于单独进

行的体育运动还是习惯于集体行为等；运动水平主要包括学生参加"体育达标"测试的成绩、对特殊运动项目运用的熟练程度、身体素质水平等。与此同时，在对学生运动水平进行评价时，应将其看作身体基本活动能力和运动参与成绩的综合，并采用开放式的评价形式。

(二)教师

在高校体育教学评价体系中，教师的作用与学生同等重要，但是教师群体的评价内容却更加多元，除了需要对自身进行评价外，还应考虑到学生的感受。因此，评价内容包括教学技能水平、教学组织水平和学生满意水平三个方面，前两个方面指向教师，第三个方面指向学生。其中，教学技能水平是教师进行教学活动的"基本功"，教师只有具备了一定水平的语言表达能力、语言感染能力和知识储备，才能从事教学活动。可见，这一指标是最关键的一环。除此之外，教师的教学组织水平将直接影响到教学效果的好坏，组织能力包括教学计划的设计水平、教学进度的合理安排、教学情境的创设、教学节奏的把握以及教学过程中突发情况的处置等。学生对教学活动的满意与否直接关系到教学效果的优劣，涉及的评价指标包括学生"评教"的成绩、出勤情况、作业完成情况等，这些指标都在某种程度上反映出学生对教师(体育教学)的满意程度。

(三)教学管理

在高校的体育教学评价体系中，体育教学的管理工作是十分重要的，在这一方面，可供采取的评价指标主要有教学管理单位"对体育教学的重视程度"和"对体育教学的投入水平"。这是因为，从管理学的角度讲，任何组织计划的有效实施都与高层或主管部门的重视程度直接相关，有时，主管领导需要带头促进计划的顺利实施。体育教学工作也是如此，如果缺少了对体育教学的重视，教学活动就难以有效地进行，从这个角度讲，重视的主体除了主管部门之外，还应包括学生和教师群体。除此之外，对体育教学的投入水平也在很大程度上影响着体育教学的质量，对这一指标而言，包含的内容有资金投入规模、每个学生的平均资金补助、体育器材和场地的数量及使用效率等。

(四)教学环境

创建良好的体育教学环境,将其与体育教学目标相匹配,最大限度地为体育教学服务,已经成为高校体育教学工作中的重要问题。对高校体育教学评价体系来说,教学环境处于体系的最"外围",也是最为宏观的部分。按照现有的研究成果,体育教学环境分为物质环境和社会心理环境两个主要部分。物质环境指的是自然环境、时空环境和设施环境,即教学活动的位置、场地器材的质量和数量等;社会心理环境包括的内容更加广泛,不但涉及教学氛围的优劣,还涉及教师和学生情感的抒发和交流。

一般而言,社会心理环境可以细分为人际环境、信息环境、组织环境和情感环境等。

三、高校体育教学评价体系的构建路径

(一)更新和创新评价工作观念和方法

实现学生健康水平和体质的提高是对高校体育教学进行评价的主要目的之一。为此,需要更新和创新评价工作观念和方法,将体育教学评价看成一个复杂、全面的价值判断过程,需要广泛地借助各类指标,从学生、教师、教学管理者的行为表现中做出必要、准确的观测和判断,将量化评价和质性评价进行有机结合,突出体育教学评价的重难点,有针对性地发掘和解决体育教学工作中出现的各种问题。

(二)发挥评价对象在评价工作中的作用

在高校体育教学评价工作中,评价对象中学生和教师群体是极其关键的。因此,应在评价体系中重视"人"的作用,做到"以人为本",以促进人的个性发展为目标。除了要关注教师的职业处境和职业需要外,还应最大限度地激发其主体意识,使其成为评价工作的直接参与者;应注重学生群体对评价结果的进一步应用,按照学生个人运动水平等指标的高低进行激励,使其从被动接受评价,到主动接受评价结果,调动积极工作的潜力。

第三节　高校体育教学评价体系的改革

一、体育教学评价的本质特征

作为人类特有的一种认知活动,评价是一种以把握世界价值为目的的认识活动,主要是表达世界对人的价值与意义所在。而价值本身是存在主客观之分的,评价是为了解释这种主客观的价值关系设计的,而不是去创造关系。因此,评价仅仅是一种促进事物发展的措施。作为教育评价体系的组成部分,体育教学评价是一般评价在教育领域中的体现,是按照一定的评价标准,结合适当的方式与手段,对体育教学的构成要素、过程和效果进行的综合评价活动。体育教学评价的主体是各级教育行政管理部门、社会组织、学校、教师和学生等;客体是教学的对象,一般包括教学的质量、教学的整体过程、教学的结果、学生能力的提高程度等方面。这些都体现了教育评价中的主体和客体的价值关系。我们在进行体育教学评价时需要先了解评价主体的需要,搞清楚体育教育的本质,树立正确的体育教学评价的价值观。只有将三者统一协调起来,才能充分发挥体育教学评价的功能。

二、如何构建高校体育课堂教学评价体系

(一)更新体育教学评价理念

一个科学评价机制的建立必须以现代教育为根本,要抓住其基础性、全面性、主体性、个体性等特点,正确认识学校体育在体育教育中所起的作用,明确学校体育的教育目标。评价机制要确保评价目标和教育目标一致,并以此为依据设计教育评价的指标体系。科学化的评价指标与可操作性强的评价办法才能使评价体系发挥正确的导向作用。因此,体育教育评价的指导思想是建立多角度多方法的综合质量评价,既要注重体

育知识技术、技能等学习成果的考评,又要加强对学生体育能力、情感、意志、思想、品质等方面的关注,既要注重教学效果的评价,又要加强对教学过程的评价,特别要重视学生在学习过程中的努力程度与进步幅度。

(二)体育教学评价内容多元化

教学目标分为运动技能、运动参与、身体发展、心理健康与社会适应五大领域,说明学校体育的教学目标是多种多样的,这在教育界和学术界已经达成共识。因此,体育教育教学评价的内容应该向多元化发展,不能只保持单一的技能或健康测评,应该重视认知、情感等的评价。

(三)注重评价方法多样化

1.自评与他评相结合

评价方法应该多样化,将自评与他评、学生评价与教师评价相结合。在以往几十年的体育教学评价中,教师评价是绝对的评价主体,教师对学生进行评价理所当然,几乎没有人对这个权威式评价提出疑问。但是,真正能了解学生主体的是学生本人,而不是教师。心理学认为,外因是变化的条件,内因是变化的基础,被评价者要自主地改正自己,就必须先认识到自己的不足和缺点。自评的方式会让教师和学生增强参与的积极性,大大提高主动性,更好地投入教学和学习中去。因此,要加强学生自评与师生互相评价,将这两种评价方式与体育教师评价有机结合起来,充分发挥评价方式的作用。

2.终结性评价与过程性评价相结合

过程性评价侧重于学习过程的纵向评价,相对于终结性评价而言,有一定的弥补功能。过程性评价的方式比较灵活,可以给教师和学生提供及时的反馈,从而不断改进教学。同时,过程性评价更容易让教师注重学生非智力因素的发展,对体育教学终极目标的实现非常有利。因此,在评价方式中,应将终结性评价与过程性评价相结合,逐渐淡化终结性评价,而加强过程性评价的运用,如此可以有效调节教学的各个阶段,让教学过程趋于科学与合理,提高体育教学的质量。

3.定量评价与定性评价相结合

定量评价是一个评价体系最基本的评价标准,在体育教学评价中也占据着主导地位。[①] 但体育教学是一项复杂的教育,很多东西不能用量进行衡量,比如学生的思想、情感、习惯、学习态度等。因此,科学的评价体系应该引入定性评价标准,否则这个评价体系就不完整。要想全面把握被评价者的学习情况,应该将定量与定性评价相结合。

4.绝对性评价与个体差异性标准评价相结合

个体差异性标准评价有利于学生增强学习的自信心,看到自己的进步。体育过程重视的是学生的进步与发展,体育学习评价既要采用绝对性评价,又得强调个体差异性评价。具体可以采用"相对评分法":在学生入学时,通过诊断性评价建立一套学生个人的学习档案,包括对学生的知识、技能、体能等方面的摸底,以此作为学生的行为对照,就可以发现每个学生一学期学习进步的幅度,从而让每个学生看到自己的进步。

科学评价应重视对学生心理健康发展及体育学习态度与情感的评价,培养学生的终身体育习惯。体育教学的目标是使学生身心都得到健康的发展,在评价学生体育学习时,不仅要考虑身体素质的提高和运动技能的获得,还要把学生的心理和谐发展作为考查的指标。体育学习态度体现在参与者参与体育的积极性上,即学生是否积极地学习体育锻炼的知识,是否主动投入体育锻炼,是否主动与他人进行体育交往等。可以从平时提问时学生回答问题的程度、学生自行解决问题的能力、学生在运动中的积极性等方面,通过当场打分或口头表扬的方式,及时对学生的学习态度给予评价,以此培养学生的参与意识。只有这样才能提高学生对体育的兴趣,才能使学生养成终身体育的意识和习惯。

---

① 周遵琴. 高校体育教学改革与发展[M]. 成都:电子科技大学出版社,2015.

第八章

核心素养视域下
高校体育教学模式的发展与改革

第一节　体育教学模式的特征与功能

一、体育教学模式的特征

(一)简洁、概括、直观性

教学模式不是对教学活动的"复写",而是在能充分显示自己个性的前提下,省去了开展某一教学活动的不重要因素,如教学目标、教学方法、组织形式等,从理论高度简明、系统地反映模式自身。因此,它是对某一理论的浓缩,对实践的提炼,具有概括性。某种体育教学模式反映了特定的体育教学思想,且对教学模式的各环节进行简化,以教学程序的方式展现出来,具有简单、明了、概括的特点。

教学模式的概括性主要体现在教学模式的表现形式、表现内容和表现种类上。表现形式的概括性,即用不多的笔墨、少许的线条、符号或图表就可以基本反映整个教学模式。表现内容的概括性即对单元体育教学活动的理论或实践加以浓缩、提炼,虽然教学活动的实践或理论为教学模式的形成提供了源泉,但它毕竟不等于教学模式,教学模式从教学活动中概括出来的活动框架,它略去了教学活动中的次要因素,一针见血地反映模式的操作框架及理论核心。表现种类的概括性,即把具有共同特征的模式归结为一类,如此可以更为明确地表达某一体育教学模式的教学目标,也可以在体育教学实践中使体育教师更明了地理解与选择体育教学模式,而不至于对多种体育教学模式产生相互混淆的现象。

(二)可模仿、可操作、较稳定性

可操作性一方面是指体育教学模式易被教师模仿。因为教学模式既是教学理论的操作化,又是教学实践的概括化。每一教学模式都提供了教学在时间上展开的逻辑步骤以及每一步骤的主要做法,即操作程序。教师在教学中先做什么,后做什么,再做什么,一目了然,易于操作;另一方面,由于体育教学活动的复杂性和特殊性,教师、学生以及环境等因素既不能也没必要像自然科学实验那样受到精确控制,所以模式的操作程序只能是基本的和较稳定的。如魏书生同志创立的"六阶段教学论"虽然从总体上看教学是按"提出要求—开展自学—讨论启发—练习运用—及时评价—系统小结"的程序依次进行;运动技能类教学模式的操作程序为"教师的示范讲解—动作分解教学—学生初步练习—纠正错误动作—再次练习—动作部分的结合练习—纠正错误动作—完整动作练习—强化练习或过度练习—掌握动作",它们的教学程序是不可逆转的,但其中某些步骤可依据教学实际情况压缩、省略和重叠。所以我们说教学模式具有可操作性。

虽然体育教学模式具有较强的针对性,它会随着体育教学各种外在条件和环境的不同,产生不同的体育教学模式,也会因不同的教学指导思想和理论而体现差异性。然而体育教学模式一旦确定,就代表了一定的教学思想和理念,也表示了某一特定的条件下的具体操作的稳定性和可模仿性,具体相同的理念和外在条件,便可以容易地被体育教师所模仿,这种特性就是体育教学模式的稳定性。当然随着时代变迁,指导思想与外在条件等发生质的变化,体育教学模式也会相应地加以调整、变更,因此体育教学模式的稳定性是相对的。

(三)具体针对性

任何一种教学模式都是针对教学实践的问题或问题的某个方面而建立的,不同的体育教学内容、体育教学对象,以及不同的外在体育教学环境都会形成不同的体育教学模式,因此,体育教学模式有自己特定的教学目标和使用范围,而不能包罗万象。例如:情境教学模式是针对小学生理解能力较差、体育基础不够,而以体育故事形式把各种简单的体育活动动作组合起来进行教学,但这种教学形式是不适合中学高年级的学生;又如快乐体育教学模式是针对传统体育教学中的强制性教学,使学生在体育教学中体验不到快乐而设计的,它适合于学练一些简单的体育活动动作,但不合适体育复杂动作的教学。从这一意义上讲,世界上不存在普遍有效的可能模式,也不存在最优的模式。然而教学模式与目标又绝非是一对一的关系,而往往是一对多或多对一的关系。

一般而言,一种模式具有多种目标,而多种目标又有主、次之分,其中主要的目标便是此模式与彼模式相区别的特征之一,也是人们有针对性地选用模式的重要依据之一。例如:启发式教学模式与快乐体育教学模式中都有发展学生技能、运动参与、情感方面目标,但它们的主要目标是有明显区别的。即启发式教学模式的主要目标是开启学生的学习智力,发展学生的运动思维,以利于运动技能的学习与掌握;而快乐体育教学模式的主要目标是使学生在学练一些较为简单的体育活动动作中体验运动的乐趣,并有创造性地组合一些简单的动作,体验运动成功的感觉,增加自信心。

(四)整体性

体育教学模式从整体上处理教学活动,它既要对教学活动中的教师、学生、课程等主要因素的地位作出规定,又要对影响体育教学活动并在教学活动中起重要作用的其他因素,如教学物质条件、教学组织形式、教学时间或空间、教学群体、学生合作、师生互动关系等加以说明。这几乎涉及体育教学论体系中的基本内容,所以人们又称为教学模式为"微型教学论"。这一特点提醒我们在认识和运用体育教学模式时,必须全面、整体地把握确定体育教学模式的主要要素,如体育教师的教学风格、学生的年龄特点、体育基础特点、课程内容特点等。同时还要兼顾它的一些次要要素,如教学场地条件、环境条件、教学班级人数、外界天气气候特点等,并把它们之间的关系认识清楚,注重各环节的相互配合、相互衔接,使之成为一定的教学程序。这种多部分、多要素、多环节的有机组合就体现了体育教学整体性,也说明了体育教学模式并非多环节、多要素的简单堆积,是具有一定科学性的。

（五）优效性

体育教学模式是在一定思想理论指导下建立的,但它必须经过教学实践的不断修正、补充、完善而形成。因此它的主要着眼点是提高教学质量,改进体育教学过程,使体育教学各环节更为科学化,减少不必要的浪费与重复,从该角度而言,体育教学模式具有优效性特点。

二、体育教学模式的功能

（一）体育教学模式的中介功能

教学模式是教学模式和教学实践之间承上启下的"中介",一方面它能对教学活动进行理论指导,使教师能在深远的背景中思考教学的若干问题;另一方面,它又能为教学实践提供操作程序和策略。体育教学模式的"中介"功能也是如此,它既是一定的体育教学指导思想、体育教学相关理论的具体体现,又能为体育教师提供具体的操作程序和操作策略,以便更有方向性地开展实践活动。例如:启发式体育教学模式体现的指导思想是开发学生的积极思维能力,使体育学习活动既有学生肢体的参与,又有大脑的积极活动,提高体育学科的科学性。它的操作程序则为:设置教学情境—进行初步的尝试性练习—提出问题,创设情境,引起学生兴趣,形成探究动机—洞察、展望、分析、比较,提出假说,进行选择思维—从事操作,验证假说,得出结论—进行正常的运动技术教学—结束单元教学活动,可为教师提供可操作性的教学使用程序。

（二）体育教学模式的简化功能

体育教学活动具有其特殊性和复杂性,这种特殊性和复杂性仅靠人们的思辨和文字的方式去处理显然是不完全的。如果采用图式去揭示各系统之间的次序及其作用和相互关系,就可先使人们对事物有一个整体的形象。我们可以从体育教学结构的图式中看出各环节各要素的关系，从图中我们也可以看出其组织结构和流程框架，这种结构既注重了原则、原理，也注重了行为技能的学习。因此，从客观上看它是符合现代体育教学任务的，既重视了体育知识的学习，又注重了体育技术、体育技能的学习与掌握；既着重于学生的学习目标，又着眼于教师的设计方案；既反映了教学理念，又注重具体的操作策略，所以它具有可操作性，具有一套比较完整的结构和机制。它比抽象的理论更具体、简化，为体育教师提供了基本操作框架，更接近教学实际，有一种一目了然的感觉，易被教师理解、选用、操作与认可。

(三)体育教学模式的解释、启发的功能

体育教学模式可以用简洁明了的方法来解释相当复杂的现象，如发展体能教学模式的建立给人以整体的框架，通过文字的解释使我们加深了对模式的理解，蕴含的理论包括以下几个方面：

第一，体育教学系统地、长期地发展体能的指导思想。

第二，阶段性的体能目标实施与反馈控制理论。

第三，非智力、非体力因素参与体育活动并促进技能教学的发展理论，如体能的发展是比较枯燥的，如何激发发展体能的兴趣是一种非智力、非体力的关键因素。

具体的某种教学模式核心环节是教学目标的制订与教学过程中实施的形成性评价，它包括以下几方面：

第一，预先体能测验——诊断性评价。

第二，根据学生的身体条件与身体素质的侧重点安排好教学单元。

第三，对单元中诸体能目标进行练习。

第四，学习终结——总结性评价。

第五，依据评价的结果实施矫正措施。

这种模式体现了诊断、确立目标、定向、反馈和矫正这五种功能，体现了集体化教学和因材施教相结合的原则，激发了学生的学习动机，促进了学生认识发展。模式的建立引导教师和学生来共同关注某一教学环节，

使模式又有了启发的功能。

(四)体育教学模式的预测功能

体育教学模式是建立在体育教学内在规律及逻辑关系的基础上的，因此，它可以帮助人们对体育教学的进程或结果进行推断，至少可以根据其内在规律来估计各种不同结局，甚至可以建立其假说。当一个模式建立后，可以根据其内在、本质的规律及其现象来完成推断功能。如快乐体育教学模式，注重的是学生在愉快中学习体育，并享受体育活动的快乐，同时学会一种基本的运动技能，为终身体育打好基础。若在教学中没有达到这种预先的目标，那么就可作相应调整；若达到了，则与事先的预测相吻合，证明理论与实践的统一。

(五)体育教学模式的调节与反馈功能

实践是检验真理的唯一标准，根据具体的教学条件、环境和具体的教学指导思想而安排的体育教学模式最终要受到实践的检验。如在具体的操作过程中，某种具体的教学模式并没有达到教学目标，则应对操作过程中的各环节、各因素进行具体的分析，找出其中的利弊，分析原因，从而为下一阶段的教学程序设计与实践操作打好基础，这就是体育教学模式的调节反馈功能。

第二节　体育教学模式中的单元教学

一、单元教学的概念

最初把单元作为教育学用语的是奇乐，他把适用于"分析—综合—联系—系统—方法"这样一个教学方程的一组教材称为单元。由此可见，单元的本意是指一个有机的教学过程和相配套的教学内容的"集合"或"板块"。是后来在单元概念上向与学生生活经验相联系的教学活动方向扩展，形成了如"经验单元""生活单元""活动单元""题材单元"等理论与实践；二是向教材的体系方向扩展，将单元理解为某一教材的"部分"与"分节",形成了"教材单元"。

这两种虽在把单元理解为"一个完整的教学过程"这一点是一致的,但前者主要以学生的主观问题(课题)来设计单元,注重教材的整体性;而后者主要以客观的知识体系为依据来设计单元,注重教材的分析。在我国对单元的理解应该说是以后者为主体的。在体育教学中基本上是以各项运动技术(客观体系)来划分单元的。因此单元名称一般为"跳远""单杠""少年拳"等,单元的顺序基本上也是按运动技术的传授顺序来设计的。

二、单元教学的大小问题

单元是教学过程的基本单位,它有大小的问题,单元的大小实质上是教学过程的长短和合理性的问题。教学过程的长短决定了教学的容量,也影响教学的质量。教学过程的长短因教学目标、教材难度、学生水平、场地条件等不同而不同。一般说来,那些技术性不太强的单元、游戏单元可以小一些;低年级的教学单元可以小一些,而那些有一定深度和难度的教材的教学单元或高年级教学单元,随着学科科学化水平的提高,随着终身体育对掌握运动技能要求的提高,也要进一步丰富。

由于单元是一个以某个教学内容和过程组成的"教学板块",因此单元应是一个完整的教学过程。单元教学时数太短,就会影响到运动技能的学习,甚至使学生产生学而无获的状况。目前的教学现状是教材内容太多,而单元教学时数太短,造成了学生刚刚开始深入学习,教学就已经进入尾声,从而极大地影响了学生运动技能的掌握,更不能把学习的运动技能自动化并内化为自己的知识技能体系中。这也是造成体育教学简单重复性、学生学而无获的最主要的原因之一。解决该问题的有效途径与方法是改变体育教学教材编排体系,精选教学内容,开展选项课程教学。如此才能大量增加某项目的教学时数,去除一些不必要的重复教学,减少人力、物力的巨大浪费。因而研究不同项目的不同教学时数是迫在眉睫的事,同时还要考虑到学生的个体差异。

三、单元教学与体育教学模式的关系

因为在制定体育教学模式时必然涉及单元教学,因此我们必须弄清它们之间的关系。可以说,单元教学是制定体育教学模式的基础,体育教学模式由单元教学目标开始,[①]如在运动项目教学中,要完成跳远这个技术动作,则可以认为"跳远"就是一个单元教学。因为跳远动作由助跑、起跳、腾空、落地等几个连贯性很强的分解动作组成,这几个动作组成一个有机的整体。体育教师把它传授给学生,学生从初步学习到完全掌握经历了三个基本的阶段,走完这三个阶段,教学将告一个段落,从教学任务的角度而言,就相当于完成了一个教学单元。又如一些运动技术性不强的项目,譬如学生的力量素质的发展,单元教学的任务是"经过固定学时的锻炼,使学生在原有的基础上达到一定的身体素质定量标准"。在教学中体育教师则按照这样的教学标准制订"发展力量素质的教学模式",并按一定的教学程序、一定的方法进行教学,当学时完成并实现了教学的目标时,教学也将告一段落。

单元教学的时间可大可小,一般来说,技术性简单的项目不必单独列为一个教学单元,也不需运用比较复杂的教学模式来教学;而技术性比较强的运动技术可把它分割为几个部分。例如:足球项目,它的运动技术有运球、传球、射门等,一些简单的技术(如垫球)就可以不要运用什么教学模式来教学了,因为它是一项基本的技术,可以把它安排在其他技术的教学之中。而一些较难的技术(如传球),它的本身就有正脚背传球、外脚背传球、内脚背传球等技术组成,因此该技术可以分为三个教学单元,每个单元可以有 5~8 次课组成,而每个单元之间基本没有直接的关联,如正脚背传球与外脚背传球、内脚背传球不但没有联系,在运动技术的学习中还可能产生相互干扰的现象。一个单元教学后,所运用的教学模式就应该宣告结束,在另一个教学单元的开始,就应该是另一个教学程序、另一

---

① 邵伟德. 体育教学模式论[M]. 北京:北京体育大学出版社,2005.

种教学模式了。

第三节 新型体育教学模式的构建与应用

一、新型体育教学模式构建的参考依据

新型体育教学模式的构建主要把握以下几个参考依据：

(一)参考体育教材性质

体育教学以教材为基本工具,体育教师教学、学生学习都要借助教材这一基本教学工具。体育教材也是体育教师与学生共同完成体育教学目标的内容载体。通常把体育教材分为概括性教材与分析性教材两大类,这主要是以体育教材内容的性质为依据划分的,具体分析如下：

1. 概括性教材

这一类教材中没有较难学习的运动技术需要学生掌握,对概括性教材进行讲解的主要目的是使学生对体育项目有简单的了解、培养学生体育学习的兴趣、促进学生的身心健康。学生在学习该类教材时主要注重体验乐趣,获取快乐,所以要构建并选用快乐式教学模式、情境式教学模式以及成功教学模式进行教学。

2. 分析性教材

这一类教材中的运动技术具有一定的难度,对这类教材进行讲解的主要目的是提高学生的自主学习能力与创新能力,促进学生体育知识与技能的增长,学生在学习该类教材时注重培养学习与创造力,所以要选择构建主动性体育教学模式、发现式教学模式以及领会式体育教学模式等进行教学。

(二)参考体育教学目标

体育教学模式构建与运用的关键是教学目标,体育教学模式需要体育教学思想与目标为其提供活力、指明方向。体育教学思想与目标也是区分教学模式的一个标准。体育教学目标在新课程改革之后有所变化,主要涵盖了以下四个方面：

（1）提高学生运动参与能力与积极性的目标。

（2）促进学生身心健康的目标。

（3）促进学生正确掌握运动技能的目标。

（4）提高学生社会适应能力的目标。

上述体育教学目标要求在体育教学中要构建与选用情境体育教学模式、探究体育教学模式以及成功式教学模式等进行教学。

（三）参考体育教学对象

体育教学活动离不开学生这一教学主体，体育教学活动中，学生也是其中非常重要的一个组成部分，所以要针对不同学生的具体情况与特点来对教学模式进行构建。学生的学习阶段按年龄大致可以分为小学、中学、大学三个时期。不同学习时期，学生的身体与心理情况明显不同，所以体育教学模式的构建要考虑到不同学习阶段的学生的具体情况。

学生在大学时期，主要是接受专项体育运动教学训练，因此适合这一时期的体育教学模式有技能性体育教学模式，同时也要发挥体能性体育教学模式的辅助作用，所以对这两种教学模式的构建极其重要。

（四）参考体育教学条件

体育教学模式不同，其相应的教学条件也会有差异。不同地区或学校的体育教学条件具有明显的复杂性与差异性。以城市和农村地区为例，两个地区的经济水平差距很大，因此体育教学场所、设施与器材也有差距。针对这一情况，体育教师要实事求是，从实际出发，构建恰当的体育教学模式来完成教学目标与任务。农村学校的教学水平与条件有限，因此不适合构建并选用要求外部教学条件良好的小群体教学模式。

二、新型体育教学模式的构建原则

（一）坚持教学目标、内容、形式、结构与功能的统一原则

从本质上讲，新型体育教学模式的建构是处理好高校体育教学活动中形式与内容、结构与功能的关键问题。所以，体育教师应该对各类体育教学课堂结构和形式的功能与作用进行全面分析，并以教学目标和条件为根据对教学模式做出比较合理的选择。

(二)坚持统一性与多样性的统一原则

(1)体育教学模式构建的统一性是指在构建和创造体育教学模式时,要继承我国体育教学思想和成功经验。

(2)新型体育教学模式构建的多样性是指在开发和构建体育教学模式时应尽量实现多样化,避免单一化与程式化的不足。

(三)坚持借鉴与创新的统一原则

体育教学模式要坚持创新与借鉴的统一性。这里所说的借鉴具体是指,一方面要借鉴国外的先进教学模式理论;另一方面是要借鉴国内的先进教学模式理论与成功教学经验。

随着全球化趋势的加强,学校体育教学也必然会受到教育全球化的影响,不对国外先进教学模式理论加以借鉴或借鉴之后缺乏创新都是故步自封的落后表现。因此,有机结合创新与借鉴,这样才能运用成功的经验,吸取失败的教训,不走或少走弯路。具体来说,统一借鉴与创新,就是要以正确的体育教学思想为指导,革新原有的落后的体育教学模式,借鉴前人和他人的成功经验和理论,结合教学中的客观实际,提高体育教学的效率。

三、新型体育教学模式的构建步骤

概括地讲,新型体育教学模式的构建步骤主要如下:

(1)明确指导思想。选择用什么教学思想作为构建模式的依据,使教学模式更突出主题思想,并具有理论基础。

(2)确定构建模式的目的。在明确指导思想的基础上,确立建构体育教学模式所达到的目的。

(3)寻找典型经验。在完成第一步的基础上,通过调查研究,寻找恰当的典型经验或原型作为教学案例,案例要符合模式构建思想与目的。

(4)抓住基本特征。运用模式方法分析教学案例,对教学案例的基本特征与教学的基本过程进行概括。

(5)确定关键词语。确定表述这一体育教学模式的关键词。

(6)简要定性表述。对这一体育教学模式进行简要的定性表述。

(7)对照模式实施。对照这一体育教学模式具体实践教学,进行实践检验。

(8)总结评价反馈。通过体育教学实践验证,对实践检验的结果进行归纳总结,通过初步实践调整修正模式,并反复实践以不断完善。

四、两种新型体育教学模式的构建与运用

(一)合作式体育教学模式的构建与运用

体育教学活动中,合作教学模式的运用有利于学生合作意识与能力的提高,有利于学生交往、实践及协调能力的增强,也有利于学生个性发展和终身体育意识的形成。

1.合作体育教学模式的构建

(1)构建程序

首先,要以体育教学大纲规定的教学时间与教学内容为主要依据,对上课时间进行合理的分配与安排。通常,在体育教学活动中,体育理论知识教学占总教学时间的 25%;学生体育能力培养占总教学时间的 30%;体育技、战术教学占总教学时间的 45%。其次,体育课堂教学之前,教师要做好课堂教学计划,即教案。制订教学计划时教师要加强与学生的合作,与学生一起探讨教学方法的选用。

(2)具体实施

①明确教学目标。体育教学过程的第一环节就是要明确并呈现教学目标,这一环节中,体育教师的口头讲解与动作示范要有机结合学生的观察体验与思考,加强师生之间的沟通与交流。

②对学生进行集体讲授。对学生进行集体授课时,体育教师要适当缩短授课时间,提高教学效率,从而留出更多的时间为下一环节(小组合作)做准备,教师要注意提高学生的学习积极性,善于运用一些新颖的问题来使学生的注意力集中到课堂上。

③加强小组合作学习。学生的学习主体性以及学生之间的沟通与交流是小组合作环节的重点,学生要在小组合作学习中积极发表自己的意见,提高自己的主动性、积极性以及创新性。

④实施阶段测验。体育教师在学生学习一个阶段后,对各个学习小组进行阶段测验,从而对学生在这一阶段的学习情况与效果有一个初步了解。

⑤积极反馈。在反馈阶段,体育教师要综合评价学生在这一学习阶段的具体表现。学生在小组合作学习中获取的知识比较零散,系统性很差,所以教师要正确引导学生归纳所学知识,使之成为一个系统的知识体系,便于学生掌握与记忆。小组测试也是反馈的一个重要手段,通过测试反映出学生学习的不足,从而有针对性地对其进行纠正与完善。

2.合作教学模式在体育教学中运用的注意事项

(1)更新教学观念

合作教学模式在体育教学活动中的运用要求对传统的体育教学观念进行更新,对学生的重要性进行重新认识,重视学生的主体地位,引导学生充分发挥主观能动性,尊重学生的人格,教师在教学中加强与学生的合作交流,以学生的具体情况为依据进行教学。

(2)注重学生主体意识的培养

首先,体育教师在体育教学活动中要想方设法来激发学生的思维与学习热情,然后引导学生积极发现与探索新问题、新情况,在引导过程中,注重学生自主意识和独立能力的培养。

其次,教师要注重自身的引导作用,通过提问、质疑等手段,引导学生把注意力集中到课堂教学中。

最后,教师主导性的发挥要以实现体育教学目标为出发点,倘若没有从教学目标出发,就谈不上学生主体性的培养。

(二)启发式体育教学模式的构建与运用

"启发式体育教学模式指的是在体育教学活动中,教师以体育教学目标、教学规律以及学生的认知水平和年龄特点为主要依据,通过采取各种教学手段来引导学生独立思考、积极主动地获取知识、解决学习问题的过程。"[①]解决教学中出现的问题、提高体育教学的质量以及促进学生体育

---

① 潘凌云.体育教学模式探讨[D].武汉:华中师范大学,2002.

学习积极性的发展是体育教学模式的实质。

1.启发式体育教学模式的构建

(1)对问题情境进行创设

体育教师在对问题情境进行创设时,要具体以体育教材的重点和学生的客观实际为依据。在创设问题情境的过程中,体育教师不仅仅要解决学生在学习中出现的问题,更要采取一定的方法与措施来引起学生的好奇心,使其主动提出疑惑,并积极思考解决疑惑,这样有利于学生学习热情的充分调动,有利于提高学生逻辑思考与客观分析及解决问题的能力。

(2)采用直观教学手段

体育教师在对学生进行启发的过程中,要尽量采用直观的教学方法手段,减少抽象概念的使用。直观手段具体是指多媒体、录像、图片等直观教具的使用,直观教学方法有利于学生学习兴趣的激发与提高,有利于学生以最为简单的方式清晰地掌握学习内容。

(3)采用多样化的练习手段

体育教师在引导学生进行练习的过程中,要以体育教学任务、目的和要求为主要依据,并要善于采取一些有助于启发教学的练习方式作为辅助学习的手段。除此之外,体育教师还可以以教材内容为依据对多样化的练习手段加以运用,以此来促进学生学习兴趣的提高,同时也能够提高学生的学习效果。

2.启发式教学模式在体育教学中运用的注意事项

(1)明确教材重点与难点

体育教材重点是学生要掌握的关键内容,教材难点是学生不容易掌握的教材内容。教师运用启发式教学模式进行教学时要以教材重点为中心,通过口头叙述、动作示范等各种教学方式来引起学生对教材重点内容的思考。体育教师也可以针对重点动作做一些生动、逼真的模仿,这样学生也能比较容易地掌握教学内容。除此之外,教师也要把学生的身心特点、认知能力和学习基础重视起来,遵循因材施教的教学原则,使每个学生的学习效率都能得到保障。

(2)对多元评价体系进行科学构建

评价学生的学习过程或结果主要是为了总结学生的学习效果,对学生学习体育达到一种督促与激励的效果。合理的评价有利于提高学生学习的积极性和主动性。评价的实施步骤具体为:评价标准的确定—评价情境的创设—评价手段的选用—评价结果的利用。评价讲究合理,不要求过于死板地对标准答案有严格的限制,根据具体情况保留一定的评价空间。教师在对学生的学习技能做出评价的同时,也要引导学生进行自我评价或学生之间的互相评价。

第四节　高校体育教学模式的发展与改革

一、高校体育教学模式的发展

随着我国高校体育教学的不断发展,高校体育教学模式的发展也呈现出新的发展趋势,具体如下。

(一)教学目标越来越情意化

根据对教学理论的研究以及教学实践活动的分析,表明在体育学习活动中,学生的智力因素和非智力因素所起的作用都是十分重要的。所以构建现代教学模式时,要结合情感教育、人格教育、品德教育以及知识教育。而在人本主义心理学所受的重视日渐加强的情况下,教学中更加看重学生的情感陶冶,情感活动往往是心理活动,因此这种教学模式能够有效培养学生的自立性、情感性和独创性。比如,情境教学模式、快乐体育教学模式等模式往往设有一定的问题情境,从而凸显出教学过程的复杂、新奇、趣味等一系列特征,在浓厚的兴趣、强烈的动机、顽强的意志等状态下,通过对体育知识技能的学习和掌握更加能够激发出学生的求知欲,因此体育教学的发展趋势有着很强的情意色彩。

(二)教学形式越来越综合化

教学模式的形式向综合化发展意指体育教学模式的发展方向更加注重课内课外的一体化。受限于课内学时与时间等因素,所以学生自动化的运动技能的培养与锻炼身体的习惯的养成是非常重要的,对于终身体育也能够积极地进行准备,而这些绝不能仅仅依靠课内的时间。因此,应当明确课内的任务主要是新知识点的学习,并且对错误的动作进行改进,所以要充分利用课外的时间,积极进行强化练习、过度练习,并且对已学的知识与技术进行系统的复习与巩固,养成经常锻炼的习惯,从而使运动技能真正做到熟练化、自动化。但目前的实际情况是,虽然体育课被重视的程度与日俱增,但课外体育活动的开展却不尽如人意,效果自然也就大打折扣。

从教学模式角度来进行分析,由于目前课外体育活动受重视的程度远远不够,所以在这一方面的教学模式研究相较而言也很缺乏力度,而当前"课内外一体化教学模式"尽管涉及了课内与课外相结合的教学,但这种模式并没有经过足够的教学实践的考验,其操作模式也并不明确,所以暂时这种模式并没有进入现有的体育教学模式体系当中,只有这种模式的理论与实践都成熟起来,它才能在体育教学模式的应用中占有一席之地。

(三)实现条件越来越现代化

当前课程改革非常重视信息技术在教学过程中的积极应用,因此需要将信息技术与学科课程整合到一起,从而使教学内容的呈现、学生的学习、教师的教学和师生互动等诸多方式的变革得以逐步实现,从而使信息技术的优势发挥到极致,使学生在学习和发展过程中能够获得丰富多彩的教育环境以及切实有效的学习工具。而现代化信息技术在课堂教学中的广泛应用也必然能够使教学模式的实现条件逐步走向现代化。运用体育教学模式时加以现代教学手段的配合能够使学生在学习时将视觉与听觉有机结合,从而取得更好的教学效果。

(四)评价标准越来越多元化

不同的教学模式需要用不同的方式进行评价。因此,随着教学模式理论基础越发扎实,教学实现目标的情意化趋势加强,体育教学模式的评价方式也必然会有变化。单一的评价方式无法全面反映出一个模式的科学程度,因此必然会被多元化的评价标准所取代。

传统教学模式往往只重视终结评价发挥的作用,却忽视了学生在体育学习和练习过程中的评价,所以学生的学习兴趣、爱好以及情感反应等方面的反馈都是不及时的。学生在期末考试时的成绩仅仅对学生某几项达标的表面成绩进行了记录,却根本没有深入学生学习的内在动机以及认识的提高层次。所以当代的体育教学模式必然会逐渐重视多元化的评价方法,从而对学生的学习过程评价、自我评价以及单元评价等方面更加重视。

(五)相关研究越来越精细化

进行理论研究就是要对实践研究进行指导,同时有效地总结实践。如果理论脱离了实践,那对其进行研究将会毫无意义,但目前大多数理论研究存在的问题正在于这一点。因此,为取得更好的效果,将理论研究与实践研究相结合是非常行之有效的。

将理论与实践相结合,首先,能够使教学模式的研究与理论的研究趋势实现同步,从而使其从一般教学模式研究逐步发展到学科教学模式研究,进而使课堂教学模式研究也取得非常大的进展。其次,课堂教学模式的研究趋势则更加精细化,具体来说,教学模式有学期教学模式、单元教学模式、课时教学模式等。因此,精细化是现代教学模式研究发展的必然走向。

二、高校体育教学模式的改革

目前,常见的学校体育教学模式比较有限,但随着体育教学改革的不断推进和创新,还会有更多的教学模式不断出现,并且在学校体育教学中得到应用。而关于未来学校体育教学模式的改革,其改革侧重点与趋势主要表现在以下几个方面。

(一)重视学生的主体性

传统的教学模式对教师的主导作用的重视程度比较高,其将教学过程片面地归结于教师的教,而忽视了学生的学,这就使得学生在教学过程中处于被动地位,对学生主观能动性和能力的培养产生了一定的阻碍作用。

随着以学为中心的教学理论的发展,传统意义上的师生关系有了较大程度的变化,他们的地位和作用也有了一定的改变。"教师中心论"逐渐被"教师主导学生主体论"取代。在这种新的教学观的影响下,体育教学模式也要进行一定的改变。具体来说,主要改革趋势为由教师中心教学模式向教师主导学生主体的教学模式的转变。教师主导学生主体的教学模式,对于学生创新能力、自学能力、探索能力的培养较为有利,在一定程度上能调动学生学习的能动性和积极性,除此之外,还需要强调的是,这与现代人才的培养理念是相符的,因此,可以将其作为体育教学模式的一个重要的改革方向。

(二)保留演绎型教学模式

教学模式形成的方法主要有由概括实践经验而成的归纳法和靠逻辑生成的演绎法两种。从一种思想或理论假设出发,设计成的一种教学模式,就是所谓的演绎教学模式,其中20世纪50年代以后产生的教学模式大都属于这一类型。演绎教学模式是从理论假设开始的,形成于演绎,其对科学理论基础非常重视。演绎教学模式的这一特点不仅为人们自觉地利用科学理论作指导提供了一定的可能,而且还为主动设计和建构一定的教学模式达到预期的目的奠定了一定的基础。由此可以看出,演绎型的体育教学模式的发展是教学模式发展的一个重要趋势,是与教学理论的发展和研究方向相符的,因此改革中要注意保留演绎型的体育教学模式。

(三)注重学生能力的培养

现代社会科学技术发展迅猛,知识增长迅速,终身教育的普及以及竞争压力的不断加大,都对人们的能力提出了更高的要求,单一的知识积累已经不能满足当今社会的需求。因此,在体育教学过程中,必须在教学模式上进行一定的改进,因为只有这样才能够更好地培养学生的运动能力、一般能力、创造能力、自学能力和社交能力。

　　另外,在普及九年义务教育初期,就已经开始强调要使学生全面发展,而且在越来越多的实践活动中,人们已经充分认识到了能力的重要性。在这样的条件下,从强调知识的传授逐渐转向重视能力的培养就成为体育教学模式改革的一个重要方向,这样能够使学生在参与实践活动的同时,对自己有更加全面的认识,从而不断挖掘和培养自身的各项能力。

第九章

核心素养视域下
高校体育教学的创新改革

第一节　高校体育教学中
学生创新意识的培养

一、高校体育教学的目标及学生创新意识的培养

(一)全面实施素质教育,为学生创造意识的培养奠定坚实的基础

素质教育与传统教育最根本的区别就在于它的全面性、全体性和自主性。全面性是要使学生得到全面发展;全体性是指教育要针对所有学生;自主性是教学过程中要使学生主动学习。结合高校体育教学的特点,利用有限的时间开展多种体育活动,使学生能够按自我兴趣、爱好和社会需要来选项,充分调动学生学习的能动性,从而给创新教育做好准备,这是学校教学的重要目标。

(二)改革教材内容,重构教材体系

体育教材内容的选择直接影响到学生体育意识的培养,所以高校体育教材的编写应根据学生体育锻炼的需要,其体系应从健身、娱乐、休闲等方面予以考虑,多选择一些难度小、易展开、趣味性强,融健康、娱乐、休闲为一体的项目。

(三)营造创新环境,培养学生的创新意识

高校体育教学要培养学生的创新意识就必须营造一种适宜的环境。

例如,田径、武术、体操等项目,经过长期的演练已经形成了固定的格式,所以在这些项目的教学中主要是进行模仿学习,而各种各样的游戏和对抗性的比赛也能给学生创造性的发挥提供广阔的空间。此外,意识是行动的先导,在体育教学中培养学生的创新意识也是创新教学的一个重要环节。

(四)强化课外体育,扩大锻炼领域

从事课外体育活动不仅能对体育课起到互补和延伸作用,而且还能使学生在课内学到的体育知识、技术、技能得到消化、巩固。由于课外体育是学生自己担任主角,它不仅可以培养学生的一般能力,而且还能培养其组织能力、管理能力和创造能力,对提高学生的综合素质,培养学生多方面的体育能力能够起到重要作用。

(五)开展丰富的校园文化活动,积极营造良好的校园文化氛围

校园文化对于高校学生陶冶性情、磨炼意志、塑造自我有着重要作用。校园文化是大学生成长和发展的直接环境,要大力开展丰富多彩的校园文化活动,积极支持和指导学生,共同营造生动活泼、健康向上的校园文化,使学生从中受到文化氛围的熏陶.同时,还要重视校园环境建设,建设一些优美的自然景观、人文景观,形成良好的学习和文化氛围,促进创新教育的发展。

(六)调整考试和评价方式,促使学生创新意识的提高

对学生学习效果的考核和评价一直是影响学生学习方向的重要因素,过分重视考试的结果和固定的考试形式一直是传统"应试教育"的最大弊端。改革传统考核与评价的方法,根据学生的实际情况,灵活掌握考试方法,不硬性规定考试项目则是解决此类问题的主要措施之一。

二、体育教学中的创新意识的培养方法

(一)思想的创新

发展娱乐性体育和健身性体育是转变学校体育教育观念的体现,也

是当前学校体育的重要特征。

(二)教学方法和组织形式的创新

可以采用启发式教学,以达到在教学过程中"学"的中心地位,引导学生自己解决问题,促使学生积极参与教学活动。在掌握运动技能的过程中,发展创新意识,去创造更合理、更完善的技术动作。可以用发现教学法来不断刺激学生发现问题和创造活动的兴趣,用学导式的教学法将学生主体和教师主导地位统一起来,使学生自学和教师引导相结合,从而培养学生自觉锻炼的热情,养成自我锻炼、终身锻炼的习惯。应改变以往的组织形式,使学生成为体育教学的主人。教师可以只说明活动的目的、要求,安排一些小型比赛,由学生自定规则,相互裁判等,以此来提高学生的参与热情,掌握裁判技巧,培养组织能力和创新能力。

(三)重视创新方法的传授和体育理论课的作用

发散思维和创造个性是学生创新意识构成的两个主要方面,创新意识的其他因素在体育教学中的作用也不容忽视。对体育知识和体育项目的充分了解是体育教学中学生创新能力培养的基础,理论课可以利用自身独特的优势,以图片、幻灯片、录像、电脑软件等高科技教学手段形象而生动地阐述体育基本知识、专项理论和体育娱乐欣赏等内容;也可以利用多媒体视频、电脑软件等手段对一些社会上比较流行而学校没有条件开展的,如网球、保龄球、高尔夫球等体育项目进行介绍、学习和模拟;还可以根据社会需要、男女学生对体育文化需要的差别,灵活地进行教学。这样可以充分挖掘学生的主观能动性,促进学生个性的发展,使他们的创造能力迅速得到提高。

第二节　高校体育教学创新体系的构建

一、教学思想创新

建立面向未来的"求知创新"和"健康第一"的教学思想,主要体现在两个方面：一是掌握过去和现在的体育知识技能是为了更好地探索未知的体育；二是掌握未来终身的体育和健康的知识与技能。长期以来，高校体育教学存在的最大弊端就是为了过去而教而考，其重心过于局限。如果掌握过去的知识仅仅是为了解决过去和眼前的问题，而不是面向学生未来终身体育的需求，那么，学习的体育知识和技能将失去应有的意义，这显然对学生解决未来体育的新问题十分不利。当然，学生掌握过去的体育知识技能，有利于求新。但目前高校体育教学没有把更多具有创新性的体育教学内容纳入课堂之中，更缺少引导学生创新的教学方法。其实，"求知创新"的教学思想在中国早已有之。从古代孔子的"温故知新"，到现代教育家陶行知"发古人未所发，明今人未所明"的教育思想，皆是习旧求新的教育思想。因此，为培养学生的体育创新能力，贯彻素质教育和终身体育思想，建立为增进学生现实与未来的健康而教的"求知创新"和"健康第一"的体育教学思想，把体育与健康教育的知识与技能的过去、现代和未来融为一体，并使其重心向未来转移显得十分必要。同时，这也是高等教育面向未来的改革思想与学校体育"坚持健康第一"思想的统一。其中，高校体育从以增强体质为中心向以健身为中心转移，这其实是把健康教育与身体教育（体育）有机结合在一起的表现，也是增强体质与增进健康的统一。

二、教学内容体系创新

（一）重视体育与健康教育相结合

现代体育教学已从传统的以运动技术为中心的传习式转向以增强体质为中心的新方式。体育从生物学角度增强体质，在劳动力密集的重体力劳动时代是十分可取的。但是，在未来劳动强度日趋降低的知识经济时代，它对于全面增进健康的作用却极为有限。世界卫生组织认为，健康是人的生物、心理、社会三者达到圆满的状态。大学生的健康是未来社会发展的需要，这也符合全国教育工作会议提出的"学校教育要树立健康第一的指导思想"①。这就需要我们把身体教育与健康教育结合起来,构建新的体育教学体系。在这个新的体系中,身体教育是以增强体质和增进健康为目的的体育。体育未来是指人们根据未来社会和教育发展的变化,在体育理论教学和实践教学中,不断积极地探索体育自身发展与未来社会需求相统一的未知领域。在健康教育体系中,人的生理、心理和社会三维的健康是一个不可分割的统一体。传统的健康教育和过去的身体教育一样,偏重于从生物学角度研究人的生理健康或生物体能的提高,现在二者又转向从生物学和心理学两个方位研究增进人的身心健康。二者都有"社会的适应能力"的内涵,有人认为这一内涵就是个体在群众中为了生存与发展而进行的、正常的互助、协作、交往和理解生存与发展的能力。这种能力可以促进个体主动适应社会,并与社会协调发展,这就是"社会健康"的基本内容之一。"社会健康"有广义和狭义之分,广义的社会健康是指采取科技与人文措施,抵制世界"公害"(自然与社会)的增加、促进人类社会健康生存与发展;狭义的社会健康是指人类个体或群体能够具备关心理解、宽宏大量、互助与利他、团结协作的适应社会的能力。

(二)增加有助于培养学生体育能力的教学内容

过去,高校体育以运动技术教学为中心,注重运动型教育,忽略了体育方法教学,这对于培养学生终身体育能力、增进健康十分不利。未来,重视培养学生体育能力的新型体育教学,在不忽视运动技术(体育手段)教学的同时,要十分重视体育方法教学(体育与健康相结合的方法)。体育方法教学对学生而言,它包括学法、练法和健康养护法等。健康养护法是配合身体锻炼需要,合理的饮食、睡眠、卫生、心理调节等保健方法。加强体育方法教学,要求体育教师在教学中不仅要传授运动技术,而且要把运动技术的健身原理学法、练法和健康养护法等终身体育知识技能传授给他们。

(三)增加面向未来的教学内容

长期以来,高校体育教学内容以解决过去和现实体育问题为重点,未

---

① 魏华,任政.体育与健康[M].北京:航空工业出版社,2020.

来高校体育教学内容改革,应在探索中解决学生未来健身急需解决的问题。例如,体育理论课不但要传授现实体育锻炼、养护和观赏的知识,而且要积极探索传授未来社会所需的相关内容,找到高校体育与社会体育的连接点。其中,理论教学可以比实践教学稍微超前,这样能预测未来社会发展对体育的新需求,真正使体育教学更加富有前瞻性。

第三节 高校体育教学模式的创新改革

一、目前高校体育教学模式存在的问题

(一)教学理念较为落后

目前我国高校体育教学依然保持着传统教学的特点,教学方式较为单一,授课方式都比较传统,主要是教师首先做一些示范,然后由学生进行模范练习。这种方式已经严重阻碍了新课程理念下教学模式的创新,我们要改进教学方式,注重教学方式的多元化,努力适应新形势下高校体育的教学理念,力求高校体育教学取得创新性效果。

(二)体育教学内容深度不够

众所周知,如果教学内容只是浮于表面,只做表面文章,那么教学内容就无法得到深入。目前很多体育教材存在只注重表面技术的问题,只注重大容量,而忽视了教材内容的深度。一些体育教材只是简单介绍体育运动的形式,而不能充分体现体育精神、民族精神,不注重培养学生的终身体育意识。教材内容的深度不够,就无法达到学生学习体育的真正目的,也就很难培养学生的创新精神。

二、高校体育教学模式创新改革策略

(一)明确教学目标,突破传统教学思想束缚

只有在学习的过程中确定明确的目标,才能向着目标努力前行。同样,教师在教学过程中也必须树立明确的教学目标,抓住教学难点和重点,注重教学技巧。教师在向目标前进的过程中一定要冲破传统教学思

想的束缚,摒弃一些旧的教学理念,大胆创新教学理念,勇于创新教学模式,将现代化元素引入课堂,使得体育课堂集娱乐、健身等于一体,遵循学生的发展个性,使学生在轻松愉快的氛围中取得进步。教师的教学目标不仅仅是培养学生的运动技巧和专业知识,更重要的是培养学生终身体育意识,提高学生的体育能力,帮助学生增强体质,提高学生的综合素质,推动高校体育教学向着积极的方向发展。

(二)注重高校体育课程结构的优化

对我国高校体育教学进行研究,我们不难发现,其教学内容大同小异,几乎千篇一律。各个高校大多按照统一的教育计划来制定教学目标,其教学目标也十分相似,通过此种方式的教学,严重束缚了学生创新精神的培养。要想实现高校体育教学的创新,必须实现高校体育课程结构的优化,在课程结构优化的过程中,我们要注重信息知识和技能技巧的创新。同时,也要将素质教育创新作为核心内容,努力做到使学生在提高自身身体素质的同时,提高自身的综合素质,促进学生的全面发展。

(三)注重教师素质水平的提升

要想实现高校体育教学的创新,在注重课程优化和教学目标制定的基础上,提升教师的业务素质水平也非常重要。因此,相关部门和领导要注重教师师资队伍的建设,要大力引入具有创新性思维、授课方式较为个性的教师,鼓励教师积极参与体育教学科研项目,培养教师的科研精神。在科研过程中激发教师的创新能力,这样教师才能更好地在教学过程中培养学生的创新思维,实现高校体育教学模式的创新与改革。

(四)更新教育观念,树立创新意识

开展创新教育,不仅需要一定数量的教师,而且需要素质过硬的创造型教师。也就是说,没有一支具有良好素质的教师队伍,创新教育就不可能顺利进行。具有创造精神的教师,能够利用一切机会和条件激发学生的创造欲望,满足学生的心理需要,并能够不失时机、随时随地进行创造素质培养。

现代心理学对创造心理的研究表明,创造力可以表现在人类的各种

社会实践活动中,①诸如身体运动、语言等方面,人们都可以有出色的发展和表现。因此,要真正承认学生有创造力,就要去发现学生的创造力,认识学生的创造力。传统教育观念以传授知识为核心,以培养熟练掌握书本知识的人才为目标,因此必然导致学生以教师、课堂、书本为中心,这不利于学生创造心理素质的培养。现代教育观以培养创新能力为目标,倡导以学生为主,积极引导学生勇于探索、积极思考,直至领悟知识的形成和发展规律,并在探究中培养学生的创新能力。以实践操作为主要手段的体育教学,要做到体育知识与运动实践的有机结合,教师应科学地设计教法,合理地选择学法,设计学生参与学和练的整个过程,努力创设贴近学生生活实际、适应社会需求的体育锻炼环境和运动训练项目,重应用、重实践,在应用和实践中培养学生的创新意识、创新精神和实践能力。

---

①　王建中,郑伦仁. 大学生心理健康教育[M]. 徐州:中国矿业大学出版社,2005.

参考文献

[1]毕国防.深度学习理念下的高中英语课堂教学实践策略研究[J].科普童话,2024(8):34－36.

[2]常德凤.小学英语课堂师生互动有效性行动研究[J].智慧少年,2024(2):71－73.

[3]次仁卓玛.高中英语词汇教学策略探究[J].情感读本,2024(9):55－57.

[4]邓恋玫.高职英语自主学习理论研究与实践[M].南昌:江西科学技术出版社,2018.

[5]杜学鑫.英语专业混合式学习模式研究与实践[M].南京:东南大学出版社,2018.

[6]高艳.大学英语教学与学习策略实践研究[M].长春:东北师范大学出版社,2016.

[7]何菊华.基于英语学习活动观的小学英语对话教学策略研究[J].师道,2023(24):109－110.

[8]何志英.基于最近发展区的大学英语课前任务设计[J].海外英语,2023(24):147－149.

[9]侯凌霄.提质培优背景下PBL教学法应用研究[J].对外经贸,2024(1):58－60,91.

[10]胡薇.移动微学习促进小学生英语能力发展的实践及路径研究[M].吉林出版集团股份有限公司,2020.

[11]胡应生.基于核心素养的中职英语过程性学业评价的实践研究[J].广东教育(综合版),2024(3):92－95.

[12]胡正妍.双一流背景下教材本位的导学式大学英语"金课"建构研究[J].湖北开放职业学院学报,2024,37(2):180－183.

[13]简微雨.指向深度学习的高中英语教学路径研究[J].科普童话,2024(4):123－125.

[14]李秀娟.实施单元整体教学培养英语语言能力[J].情感读本,2024(8):101－103.

[15]李志坚,李琼.模因论视域下的大学英语教师发展模式研究[J].才智,2023(33):60－62.

[16]刘丽娟.双减背景下英语绘本与小学英语课堂教学的整合研究[J].科普童话,2024(1):49－51.

[17]刘哲.基于"思维可视化"的初中英语阅读教学实践策略[J].科普童话,2024(8):22－24.

[18]倪慧慧."双减"背景下小学英语情境化作业评价标准的构建[J].教育,2024(1):51－53.

[19]欧晨旭.高职英语教学过程中STEAM教育理念的应用研究[J].海外英语,2023(24):222－224.

[20]蒲芳.初中英语作业分层设计教学实践研究[J].科普童话,2024(4):37－39.

[21]瞿丹丹.新课标背景下小学英语课堂教学有效性研究[J].科普童话,2024(2):43－45.

[22]宋利华.基于教学模型的混合式英语课程思政教学实践研究[J].湖北开放职业学院学报,2024,37(1):98－99,102.

[23]唐伟.网络环境下英语自主学习创新与实践研究[M].沈阳:东北大学出版社,2018.

[24]唐志强.基于提升思维品质素养的高中英语读后续写教学实践研究[J].科普童话,2024(8):70－72.

[25]汪梦楚,王越.材料专业英语课程思政改革实践路径研究[J].现代商贸工业,2023,44(24):52－55.

[26]汪道.基于区域国别研究背景的大学英语课程改革实践[J].海外英语,2023(24):171－173.

[27]王栋.英语教师行动学习的理论与实践研究[M].北京:外语教学与研究出版社,2019.

[28]王娟娟."双减"背景下初中英语分层教学法的实践研究[J].时代教育,2024(1):28－30.

[29]席酉民,李程程.研究导向型学习与审辩式思维学术英语教学实践[M].北京:外语教学与研究出版社,2021.

[30]谢红秀.基于混合式学习共同体的大学英语青年教师教学能力提升研究[J].山东电力高等专科学校学报,2023,26(6):55－58.

[31]徐红梅,孙健,沈振兴.研究生全英文课程教学改革研究——以"大气气溶胶"课程为例[J].当代教育实践与教学研究(电子刊),2024(4):69－72.

[32]徐杨杨.基于深度学习理论的高中英语词汇教学设计研究[J].广东教育,2024(1):49－50.

[33]许莉娜.高考综合改革背景下的高中英语课堂转型策略与实践研究[J].智慧少年,2024(2):38－40.

[34]张丽丽.基于合作学习理论的英语专业教学实践研究[M].北京:中国纺织出版社,2021.

[35]赵慧.中职专业英语课程混合式学习研究与实践以旅游情境英语课程为例[M].上海:同济大学出版社,2022.

[36]祝钰."跨文化交际课程"线上线下混合式教学实践研究[J].湖北第二师范学院学报,2024,41(1):100－103.

[37]邹晓玲.基于核心素养培育的高中英语教学案例开发研究[J].教学与管理,2024(4):43－46.